技能型人才培养特色名校建设规划教材

应用文写作技能训练

主　编　白吉秀　张立山

副主编　王素婕　郭　勇　于邦玲　史兰芳　杨卫红　李　颖

中国水利水电出版社
www.waterpub.com.cn

内 容 提 要

本书以提升学生的职业核心能力为目标，依据易学、易写、可拓展的原则，结合学生校园学习、生活需要和职场需要，设置了入门篇、筹备篇、创业篇和就业篇四个项目共十六个任务，围绕项目驱动下的各项写作任务对各类应用文知识进行训练，突出了任务描述、任务目标、任务实施、任务资讯、知识拓展和实训平台等板块，具有时代性、实用性、趣味性、贯穿性和操作性的特点，使抽象的理论知识统摄于实际工作任务之下，在完成特定写作任务的实训过程中，有效地培养学生的写作技能及职业综合能力。

本书可作为各类高职高专院校的应用文写作课程的教材，尤其适合作为项目化教学改革的教学用书。同时，也可作为在职人员的工作参考书。

图书在版编目（CIP）数据

应用文写作技能训练 / 白吉秀，张立山主编. -- 北京：中国水利水电出版社，2016.2（2017.8重印）
技能型人才培养特色名校建设规划教材
ISBN 978-7-5170-4074-3

Ⅰ. ①应… Ⅱ. ①白… ②张… Ⅲ. ①汉语－应用文－写作－高等职业教育－教学参考资料 Ⅳ. ①H152.3

中国版本图书馆CIP数据核字(2016)第022900号

策划编辑：石永峰　　责任编辑：宋俊娥　　加工编辑：夏雪丽　　封面设计：李　佳

书　名	技能型人才培养特色名校建设规划教材 **应用文写作技能训练**
作　者	主　编　白吉秀　张立山 副主编　王素婕　郭　勇　于邦玲　史兰芳　杨卫红　李　颖
出版发行	中国水利水电出版社 （北京市海淀区玉渊潭南路1号D座　100038） 网址：www.waterpub.com.cn E-mail：mchannel@263.net（万水） 　　　　sales@waterpub.com.cn 电话：（010）68367658（发行部）、82562819（万水）
经　售	北京科水图书销售中心（零售） 电话：（010）88383994、63202643、68545874 全国各地新华书店和相关出版物销售网点
排　版	北京万水电子信息有限公司
印　刷	北京瑞斯通印务发展有限公司
规　格	184mm×260mm　16开本　9.25印张　209千字
版　次	2016年2月第1版　2017年8月第3次印刷
印　数	6001—10000册
定　价	24.00元

凡购买我社图书，如有缺页、倒页、脱页的，本社发行部负责调换

版权所有·侵权必究

前　言

应用文写作是全国各类高职院校许多专业普遍开设的公共基础课，旨在培养大学生的应用文写作能力。由于其实用性的特征，已成为高校学生毕业后择业、工作和生活不可或缺的工具。鉴于此，我们编写了这本教材，以切实提高高职学生的应用文写作能力，使之掌握常用应用文写作技能，具有较高的"办文、办事"能力，为其就业与今后的提升发展奠定良好的写作基础。

本书秉承"以学生为主体，以学生创业发展方向与就业能力准备为导向，以培养学生的自主学习能力和应用文写作技能为目标，以通过实践练习培养学生写作技能为方法，以开展创业大赛活动为线索"的编写理念，整合教学内容，设置了入门篇、筹备篇、创业篇和就业篇四个项目共十六个任务，来完成对所需应用文种的学习和应用。以项目和任务为载体，体现职业岗位和能力培养的要求，力求使教材激发学生的专业认知和就业需求，为学生的求职和就业服务，为提高各专业人才的工作素质服务。

在体例设计上，本书以提升学生的职业核心能力为目标，依据易学、易写、可拓展的原则，结合学生校园学习、生活需要和职场需要，围绕项目驱动下的各项写作任务对各类应用文知识进行训练，突出了任务描述、任务目标、任务实施、任务资讯、知识拓展和实训平台等板块，具有时代性、实用性、趣味性、贯穿性和操作性的特点，使抽象的理论知识统摄于实际工作任务之下，在完成特定写作任务的实训过程中，有效地培养学生的写作技能及职业综合能力。

本书可作为各类高职高专院校应用文写作课程的教材，尤其适合作为项目化教学改革的教学用书。同时，也可作为在职人员的工作参考书。

在教材编写过程中，我们参阅了大量的书刊和相关资料，并吸取了其中的最新研究成果和有益经验，并标明了引文的出处，但仍可能有漏注的地方，在此对相关作者一并表示感谢与歉意。由于时间紧迫，水平有限，书中难免存在一些不足和缺点，恳请广大读者不吝批评指正，以便再版时修订，使之日臻完善！

编　者

2015 年 10 月

目　　录

前言

项目一　入门篇 ·· 1
　　任务　了解大赛会应用 ····························· 1
　　　　【任务描述】 ······································ 1
　　　　【任务目标】 ······································ 1
　　　　【任务实施】 ······································ 2
　　　　【任务资讯】 ······································ 2
　　　　【知识拓展】 ······································ 7
　　　　【实训平台】 ······································ 8
项目二　筹备篇 ·· 9
　　任务一　项目精彩需策划 ························· 9
　　　　【任务描述】 ······································ 9
　　　　【任务目标】 ······································ 9
　　　　【任务实施】 ···································· 10
　　　　【任务资讯】 ···································· 10
　　　　【知识拓展】 ···································· 14
　　　　【实训平台】 ···································· 15
　　任务二　谨记事前要请示 ······················· 15
　　　　【任务描述】 ···································· 15
　　　　【任务目标】 ···································· 16
　　　　【任务实施】 ···································· 16
　　　　【任务资讯】 ···································· 17
　　　　【知识拓展】 ···································· 20
　　　　【实训平台】 ···································· 22
　　任务三　严谨规范做条据 ······················· 23
　　　　【任务描述】 ···································· 23
　　　　【任务目标】 ···································· 24
　　　　【任务实施】 ···································· 24
　　　　【任务资讯】 ···································· 24
　　　　【知识拓展】 ···································· 29
　　　　【实训平台】 ···································· 30
　　任务四　简明及时写通知 ······················· 31

　　　　【任务描述】 ···································· 31
　　　　【任务目标】 ···································· 31
　　　　【任务实施】 ···································· 32
　　　　【任务资讯】 ···································· 32
　　　　【知识拓展】 ···································· 36
　　　　【实训平台】 ···································· 38
　　任务五　礼仪为先话请柬 ······················· 40
　　　　【任务描述】 ···································· 40
　　　　【任务目标】 ···································· 40
　　　　【任务实施】 ···································· 40
　　　　【任务资讯】 ···································· 40
　　　　【知识拓展】 ···································· 43
　　　　【实训平台】 ···································· 44
项目三　创业篇 ·· 45
　　任务一　细致调查成报告 ······················· 45
　　　　【任务描述】 ···································· 45
　　　　【任务目标】 ···································· 45
　　　　【任务实施】 ···································· 46
　　　　【任务资讯】 ···································· 46
　　　　【知识拓展】 ···································· 51
　　　　【实训平台】 ···································· 52
　　任务二　创业打算有计划 ······················· 55
　　　　【任务描述】 ···································· 55
　　　　【任务目标】 ···································· 55
　　　　【任务实施】 ···································· 56
　　　　【任务资讯】 ···································· 56
　　　　【知识拓展】 ···································· 62
　　　　【实训平台】 ···································· 63
　　任务三　周知众人靠启事 ······················· 65
　　　　【任务描述】 ···································· 65
　　　　【任务目标】 ···································· 66

【任务实施】……………………………66
　　　【任务资讯】……………………………67
　　　【知识拓展】……………………………72
　　　【实训平台】……………………………73
　任务四　精彩独特做演讲……………………75
　　　【任务描述】……………………………75
　　　【任务目标】……………………………75
　　　【任务实施】……………………………76
　　　【任务资讯】……………………………76
　　　【知识拓展】……………………………81
　　　【实训平台】……………………………82
　任务五　非凡创意写广告……………………83
　　　【任务描述】……………………………83
　　　【任务目标】……………………………83
　　　【任务实施】……………………………84
　　　【任务资讯】……………………………84
　　　【知识拓展】……………………………89
　　　【实训平台】……………………………91
　任务六　平等互利签合同……………………92
　　　【任务描述】……………………………92
　　　【任务目标】……………………………92
　　　【任务实施】……………………………93
　　　【任务资讯】……………………………93
　　　【知识拓展】…………………………105
　　　【实训平台】…………………………106
　任务七　事后盘点巧总结…………………108
　　　【任务描述】…………………………108

　　　【任务目标】…………………………109
　　　【任务实施】…………………………109
　　　【任务资讯】…………………………109
　　　【知识拓展】…………………………120
　　　【实训平台】…………………………121
项目四　就业篇………………………………123
　任务一　毕业开题写论文…………………123
　　　【任务描述】…………………………123
　　　【任务目标】…………………………123
　　　【任务实施】…………………………124
　　　【任务资讯】…………………………124
　　　【知识拓展】…………………………128
　　　【实训平台】…………………………130
　任务二　书信助力来求职…………………130
　　　【任务描述】…………………………130
　　　【任务目标】…………………………131
　　　【任务实施】…………………………131
　　　【任务资讯】…………………………132
　　　【知识拓展】…………………………135
　　　【实训平台】…………………………135
　任务三　实习结束展硕果…………………135
　　　【任务描述】…………………………135
　　　【任务目标】…………………………136
　　　【任务实施】…………………………136
　　　【任务资讯】…………………………137
　　　【实训平台】…………………………142

项目一　入门篇

任务　了解大赛会应用

【任务描述】

德州职业技术学院各系部将举办创业大赛活动，请了解什么是创业大赛，在创业大赛的筹备、组织和参与过程中会用到哪些应用文种，本学期我们将通过对创业大赛的了解、组织、参赛进而实现就业来完成对所需应用文种的技能训练。

【任务目标】

一、知识目标

1．掌握应用文的概念、特点、学习内容和方法。
2．了解课程目标与考核方式。

二、能力目标

能辨析应用文写作与文学写作的区别；能找到校园中、生活中的应用文实例；能够熟练地写出格式规范的书信。

三、素质目标

通过搜集资料和写作训练，锻炼与提高语言表达能力、信息处理能力、与人交流能力、团队协作能力、创业和就业的能力。

【任务实施】

1. 通过讨论校园、生活中的应用文实例，辨析应用文的概念、特点和作用以及与文学写作的区别，了解学习本课的重要意义及目的。
2. 通过新闻，了解创业大赛概况，掌握课程目标和项目设置。
3. 了解本课程考核方式、学习要求和方法。
4. 给父母写一封格式规范的书信。

【任务资讯】

一、概念

应用文是人们在生活、学习、工作中为处理日常公、私事务时所使用的具有一定惯用格式的实用性文体的统称。应用文是人类在长期的社会实践活动中形成的一种文体，是人们传递信息、处理事务、交流感情的工具，有的应用文还用来作为凭证和依据。应用文是为处理实际事物而进行的写作，有着实用性特点，并形成惯用的格式。随着社会的发展，人们在工作和生活中的交往越来越频繁，事情也越来越复杂，因此应用文的功能也就越来越多了。

二、应用文的种类

应用文的使用范围极为广泛，几乎渗透社会生活的各个角落。其种类十分繁多，在不同领域、不同行业、不同部门和不同对象中，均有各自不同的应用文。并且，应用文的分类，也不像文学分类那样成熟和统一。应用文中除了公文，国家有明确的规范以外，其他大都是约定俗成的，论者见仁见智，缺乏统一的标准。在一般情况下，可作如下的区分。

按涉及的专业门类区分，有行政、企业、经济、文教、科技、司法、军事、外交、日常生活类等应用文。

按作者身份和行文性质区分，有以组织名义发文，用以处理公务的公务文书类应用文，有以个人名义行文，用以处理个人事务的私务文书类应用文。

若按不同种类应用文不同的性质、特点、使用范围和格式区分，则可分为三类：

（1）日常应用文类。它是机关、团体、企事业单位和个人在日常生活中所运用的各种应用文，如书信、条据、启事、读书笔记、演讲稿等，使用频率最高，范围最广。

（2）机关事务文书类。它是机关、团体、企事业单位处理事务时使用的文书。主要用于内部事务的有：计划、总结、通讯、报道、简报、调查报告、经济活动分析、会议纪要、规章制度等。主要用于对外事务的有：招标公告、投标书、协议、合同、意向书、先进事迹介绍、广告、产品说明书等。

（3）公文类。它是党政机关、人民团体、企事业单位处理公务的文书，是传达贯彻党和国家的方针、政策，发布行政法规和规章，施行行政措施，请示和答复问题，指导、布置和商洽工作，报告情况，交流经验的重要工具。主要指国务院办公厅 2000 年 8 月 24 日发布的《国家行政机关公文处理办法》中所规定的 12 类 13 种公文。

三、应用文的特点

应用文作为一种文体与其他文学作品的写法相比较，除具有一定的共性外，还有其独特的个性。一般来说，应用文写作的特点主要有以下几种：

1. 实用性

应用文最大的特点在于"实用"，"实用"是应用文与其他文体文章的主要区别之一。一般文学作品的创作是"有感而发"，诗歌、散文、小说等文学作品主要是表达人们的喜怒哀乐、抒发理想、反映现实。而应用文的写作主要是为了解决实际问题，是"有事而发，无事不发"。比如要和远方的朋友联系，就要写信；要借款，就得立字据；向上级汇报工作、反映情况，要写报告；推销产品，要写广告等，都是为了解决实际问题而写的，所以应用文往往被人称为实用文，是"为实用而作之文"。

2. 针对性

应用文的写作都有明确、直接的对象。比如信写给谁、字据立给谁、报告打给谁，都有对象，即使是一些广告、启事也是针对有关消费者、知情者的，只不过对象的范围大一些。而文学作品的阅读对象往往是不明确的，没有严格的针对性，像一首诗、一篇小说、一部电影剧本，谁都可以看，谁都可以不看，老少不分，雅俗共赏。

3. 时效性

由于应用文是为了解决实际问题而写的，所以它的时间性很强。一旦出现问题，就必须及时反映，否则拖延时间就会给生活、工作、生产带来影响。尤其是当今社会，市场竞争激烈，如果信息传递慢，企业随时有被淘汰的危险。而信息反映及时，就会给企业带来效益。相对而言，文学作品的写作时间性不强，文学家可以用很长的时间去创作，也可以把写好的作品在适当的时候发表出来，不受时间的限制。

4. 真实性

应用文写作必须讲究真实、客观，实事求是地反映问题，反映情况，不允许像文学创作那样，可以虚构，进行艺术再加工，"杂取种种、合成一个"，追求艺术性；也不能发挥主观想象、夸大其辞，否则就会歪曲事实真相，蒙骗对方，误导消费者，给社会带来不良影响。

5. 程式性

应用文的写作有其特定、惯用的格式，这些格式，有的是长期以来约定俗成、相沿成习的，有的是由国家、有关部门统一制定的。如书信有书信的格式，公文有公文的格式，经济合同有经济合同的格式等，每一种应用文包括哪些内容，哪些在前，哪些在后，分几部分，都应严格遵守，不得随意标新立异，也不能像有些文学创作那样，随意编排，自由联想，打破时空观，讲究情节的曲折变化等。应用文的格式也不是一成不变的，随着社会的发展，人们生活习惯的变化，观念的变化，应用文写作格式也会变化，使它更加方便人们表情达意的需要，更加顺应社会发展的需要。

6. 平实性

由于应用文注重实用，所以它的语言也讲究务实，就是语言要简洁、朴实、明白、准确、规范，便于理解执行。不能像文学创作那样讲究生动、形象、含蓄、朦胧，或以取悦打动读者。平实是应用文写作的基本风格。

四、应用文的作用

应用文是人类在长期的社会实践活动中形成的一种文体，是人们传递信息、处理事务、交流感情的工具，随着社会的发展，人们在工作和生活中的交往越来越频繁，事情也越来越复杂，因此应用文的功能也就越来越多了，它的作用主要体现在以下四个方面。

1. 指导规范作用

主要体现在上级党政机关颁发的各类公文中。如法规性公文对下属部门或单位以及人民群众的工作或行为具有强有力的规范、约束作用；党和政府下发的各类文件，其中的方针政策对下级做好各项工作起到明确的指导作用；有些反映工作情况、通报典型事件、总结经验教训的公务类文书，能给下属单位及有关人员起到教育、借鉴作用，同时也体现了一定的指导作用。

2. 宣传教育作用

党和政府通过应用文下达各种文件、法规、制度，向全国宣传党和国家的方针政策，各地区、各部门、各企业也通过应用文推广先进经验，表扬先进人物，批评揭露不良现象、丑陋行为，制裁不法分子，以此来提高人们的思想政治觉悟，规范人们的行为，保障社会的安定，推动各项事业的健康发展。

3. 沟通联系的作用

应用文是加强上下级联系的纽带，也是与各有关方面联系的有效工具。比如上下级之间的上情下达，下情上报；各单位之间的信息交流、经验交流；还有像申请、合同、启事在人们的日常生活和经济活动中起到公关交际、沟通联系的作用。

4. 凭证资料作用

在社会生活中，应用文也是开展工作，解决、处理问题的依据和凭证。上级下达的文件、党和政府颁布的法规、有关方面的规章制度，都可作为开展工作和检查工作的依据；而一些条据、合同文本、公证材料等，也是业务中的凭证，一旦出现问题、纠纷，依靠这些凭证，可通过法律追究对方责任，维护自身利益。另外，一些重要的应用文也是历史档案资料，要了解某一时期的政治、经济情况，或某一方面的生产经营情况，只要查阅当时存档的应用文，就可以知道。有些冤假错案在事后也能凭借这些档案的应用文得以澄清事实，还其本来面目。

应用文的四方面作用是相互联系的，要作为一个整体去理解。事实上，往往是一个文种乃至一篇应用文，同时发挥着几方面的功用，而不是单一的功用。随着信息社会、知识经济时代的到来，现代应用文与社会发展、人们生活之间的关系越来越密切，使用频率也越来越高，并逐步走向电脑化、国际化，还会有更多的功用表现出来。

五、应用文写作的要求

1. 学习理论，钻研业务

应用文写作，是一项表达研究问题，处理工作，进行交流，解决问题的严肃工作。写作应用文要具备各方面的条件：要有鲜明的政策观念，正确的思想认识，丰富的业务知识，敏捷的思维能力，端正的写作态度。

应用文写作不单纯是一个写作技巧和文章形式问题，而是"寓理之具""贯道之器"。没有理，没有道，是难以写出文章来的。应用文体，特别是公务文书，有强烈的思想性和政策性。作者只有认真学习马克思主义理论，学习党和国家的方针、政策，了解形势的发展，深入社会实际，把握工作情态，才能以正确的立场、观点、方法去认识事物、分析问题、解决问题。

除了学习理论知识之外，还要有丰富的业务知识，熟悉自己工作范围内的业务。知识贫乏，不熟悉业务，不深入了解情况，就不可能写出内容充实、材料精确的应用文章来。特别是专业性非常强的应用文书，如经济类、法律类和科技类的事务文书要有专门的知识和业务能力，才能正确地反映客观事物的规律。所以，写好应用文必须认真地学好理论，深入钻研业务，这是写好应用文的基本条件。

2. 培养自己的综合素质

应用写作课是一门实践性很强的课程，不能仅仅停留在应用写作理论知识的层面上，还要从培养适应现代社会需要的富有创造精神和竞争力人才的角度出发，通过严格的写作基本功训练，使自己在理论与实践的结合上掌握写作规律，提高应用文写作的能力和水平，并在写作实践中培养自己健全的人格、高尚的情操、坚强的意志、认真的态度，提高自己的综合素质。写作实践是强化写作思路的重要环节。以写作一篇调查报告为例，不仅要重视理论，更重要的是要重视写作实践。在写作实践中，必须走出课堂，步入社会，深入实际生活，亲自实践"调查—研究—写作"的全部写作过程，从而获得课堂上根本无法学到的实际写作技能。在写作之前，一定要先拟定调查提纲，查阅有关资料，熟悉调查对象的基本情况。在调查过程中，还须仔细观察调查对象的形状、特征，也可以通过提问、谈话、交往、问卷等方式进一步了解深层次的材料，并且把它记住。通过调查，自己采集到大量第一手和第二手资料，获取到感性认识，这只是完成了调查报告的第一步。而要把这些感性认识上升到理性认识，还必须对材料进行"去粗取精，去伪存真，由此及彼，由表及里"的科学分析、深入研究，从中归纳出一些规律性的东西。这是调查报告写作的第二步，也是能否写好调查报告至关重要的一步。然后从材料分类、归纳，到观点提炼，再到确立全文主旨，最后到构思、结构安排，最后动笔写作。这样，不仅培养自己科学分析的意识，而且锻炼了自己独立分析研究问题的能力。

3. 多读、多写、多练

宋代文学家欧阳修说，学习写作要"看多，做多"。看多，就是要多读多看报刊书籍，这对于提高写作能力有着重要作用。它能开阔视野，广泛了解社会；可以增长知识，充实写作内容；可以学习写作方法。对一些佳作名篇，反复研读，仔细揣摩，从中领悟"应该怎么写"和"不该怎么写"。所谓凡操千曲而后晓声，观千剑而后识器，就是这个意思。

做多，就是要进行写作实践。古人所说的"多读乃藉人之功夫，多做乃切实求己工夫，其益相去甚远"，就是强调进行写作实践的意义。写作是一种能力，如同绘画、游泳一样，光靠"听讲"和"看书"是不行的，还要靠自己去写。著名的语文教育家、作家叶圣陶说得好："所谓能力不是一会儿就能够从无到有的，看看小孩子养成走路说话的能力多么麻烦。阅读跟写作不会比走路和说话容易，一要得其道，二要经常历练，历练成了习惯，才算有了这种能力。"这就是说，学习写作，不但要读书悟理得其道，更重要的是还要变成实际能力，读别人的书和文章是吸收、借鉴，写文章最终还要靠自己去写、去表达。

多练，就是要不断地学习，不断地进行训练，养成一种勤学多练的习惯，把知识变成技能，把技能变成技巧。所谓熟能生巧，就是熟练地掌握某种技巧，写作也是一样，写多了，练多了，就能写出得心应手的文章来。

例文一

国务院办公厅关于同意成立
第 16 届亚运会组委会的复函

国办函〔2005〕68 号

广东省人民政府，体育总局：

你们报来的《广东省人民政府关于上报第 16 届亚运会组委会机构设置方案的请示》（粤府〔2005〕56 号）收悉。经国务院领导同志批准，现函复如下：

一、同意成立第 16 届亚运会组委会（以下简称组委会）及其组成。组委会主席由体育总局局长刘鹏担任，组委会执行主席由广东省人民政府省长黄华华担任。

二、组委会内设机构由组委会根据工作需要自行确定。

国务院办公厅（印章）
二〇〇五年七月八日

例文评析：这是一则公文中的函，格式规范，内容简要，针对性强。

例文二

亲爱的奶奶：

您好！

从小到大许多值得我感恩的人，有给予我生命的父母，有陪伴我长大的您，有教授我知识的老师，还有帮助过我的同学……其中我最想感谢你，因为是您陪伴我度过十二个春夏秋冬。

夏天，天气炎热。人们热得像蒸笼里的包子，知了在树上叫个不停，小狗趴在树下耷拉着舌头。爸爸妈妈都去上班了，我却偏偏在这时候发烧了，真是热上加热啊。我浑身上下像个火炉似的。您忙得不可开交，一会儿量体温，一会儿拿湿毛巾降温，累得气喘吁吁，满头大汗。我看着您忙碌的身影，心想：我一定要赶快好起来呀，不能辜负您对我无微不至的照顾啊！我不知不觉地睡着了，只觉得有一阵阵凉风，非常凉爽。我睡眼朦胧中看见了一个人在为我扇扇子。我想看清这个人，可眼皮像扇千斤重的石门，尽管我使劲睁眼，都睁不开。过了一会儿，我没那么困了，看到您不顾手酸，帮我扇扇子。您见到我醒了，摸了一下我的额头，发现烧退了，非常高兴。

你不仅照顾我，关心我，还非常疼爱我……

奶奶，您是我最爱最想感谢的人，千言万语尽在不言中……

祝您身体健康，万事如意！

您的孙女：×××

例文评析：这是一封书信，日常生活中常见到的书信体，开头有称呼、问候语，结尾有祝颂语和落款，内容亲切、随意。

【知识拓展】

一、课程目标

1. 总体目标

了解认识应用文的实际用途，能根据不同工作要求选择使用相应的应用文文种；使学生具备基本的应用文写作知识、较强的应用文写作能力，以创新引领创业，以创业带动就业。

2. 能力目标

（1）通过对创业大赛的了解、组织、参与和实践，学生能搜集、分析与处理应用文写作材料，能够通过沟通协作，完成团队调研项目；

（2）能制作与自己专业密切相关的常用应用文；

（3）能正确运用应用文处理相关事务；

（4）能够为求职和就业做好准备。

3. 知识目标

（1）掌握搜集、分析与处理应用文写作材料的方法；

（2）掌握常见应用文基本的写作格式和写作要求；

（3）掌握常见应用文写作方法和技巧。

二、本课程形成性考核方式

1. 课程成绩形成方式

本课程按百分制考评，60分为合格。

总成绩=平时考核成绩（50分）+期末考试成绩（50分）。

2. 期末考核评价及方式

试题结构：

（1）基本知识，总分 30%左右。采用填空题、判断题、选择题、简答题等形式。

（2）写作分析题，总分 30%左右。考查学生对基础知识的理解及运用，要求掌握基本观点，能综合运用写作知识分析解决实际写作中存在的问题，包括标题、内容、结构、写作特点、语言文字等方面的问题。分析题的形式有简答、分析与改错等。

（3）作文题，总分 40%左右。考生需根据试题提供的内容、条件，写作一篇应用文。作文题所根据的内容应充分考虑学生熟悉的程度，掌握几种常见文体的写作。

3．平时考核成绩

平时考核成绩（100%）=考勤（10%）+课堂实训（30%）+课外作业（40%）+团队合作（20%）。

4．组织形式

平时考核成绩在平时教学过程中形成；期末考试采用闭卷考试的方式，以 100 分为总分，占总成绩的 50%。

【实训平台】

1．什么是应用文？
2．应用文有哪些特点？
3．应用文有哪些作用？
4．你对应用写作课有哪些认识和体会？
5．学生查阅图书、网络，联系学习、生活和工作实际搜集如下材料，为本学期本课程的学习作好准备：

（1）搜集职业技术学院创业大赛的相关知识和新闻。

（2）搜集国家对大学生创业的相关政策支持。

（3）搜集教学项目中涉及的各种文体实例。

项目二　筹备篇

任务一　项目精彩需策划

【任务描述】

德州职业技术学院各系部将举办创业大赛活动,为保证活动能够顺利有效地进行,请为这次大赛作出一份策划书。

【任务目标】

一、知识目标

1. 通过学习掌握策划书的概念、分类和特点。
2. 通过案例分析掌握策划书的结构、格式和写作要求。

二、能力目标

能够熟练地写出格式规范的策划书。

三、素质目标

提高分析问题、解决问题及创新创业的能力。

【任务实施】

1. 师生对案例《2014 年海信 VLED 系列上海新品发布会》和《星光璀璨周大福 80 周年盛典》活动展开讨论，充分发挥想象力和创造力，提出策划方案，了解活动策划书的写作内容。
2. 学生自我探究，掌握策划书的概念、作用和写法。
3. 小组讨论德州职业技术学院创业大赛策划书的写法，集思广益，设法收集更多的信息，寻找解决问题的方法；在讨论出现严重分歧时，教师可以给予适当点拨，对于多组出现的共性问题集中进行解答。
4. 集体评议：教师对各组进行评比，选出最佳作品。

【任务资讯】

一、概念

策划书是展示某次活动的整体设想和行动方案的应用文体，它把活动中所要采取的一切行动都列出来，指示相关人员在特定时间予以执行。它要求语言简洁、内容具体明确。

二、策划书的作用

策划书是对某个未来的活动或者事件进行策划，并展现给读者的文本。策划书可以为整个活动提供有力的指导，并能找到活动的不足之处。

三、策划书分类

策划书根据活动内容和目的不同一般分为商业策划书、创业计划书、广告策划书、活动策划书、营销策划书、网站策划书、项目策划书、公关策划书等。

商业策划书是公司、企业或项目单位为了达到招商融资和其他发展目标之目的，在经过前期对项目科学的调研、分析、搜集与整理有关资料的基础上，根据一定的格式和内容的具体要求而编辑整理的一个全面展示公司和项目状况、未来发展潜力与执行策略的书面材料。一般商业策划书都是以投资人或相关利益载体为目标阅读者，从而说服他们进行投资或合作。例如《动漫产业园建设项目商业策划书》《汽车主动防御安全系统生产项目商业策划书》。

营销策划书是企业根据市场变化和企业自身实力，对企业的产品、资源及产品所指向的市场进行整体规划的计划性书面材料。

四、策划书的内容

策划书的内容一般包括策划书标题、活动背景、活动的目的和意义、活动步骤、活动所需的用品、活动负责人及主要参与者。

（1）策划书标题。题目是策划书具体目的的体现，因此一定要写清楚，比如要举办什么比赛、进行什么会议、开展什么活动等。例如《"文学与人生"等系列活动之演讲比赛策划书》，名称应置于页面的中央。

（2）活动背景。活动背景应根据策划书的特点尽量包含各个项目的内容并进行重点阐述。

（3）活动的目的、意义。活动的目的、意义应用简洁明了的语言将目的要点表述清楚。

（4）活动步骤。活动步骤作为策划的正文部分，表现方式要简洁明了，但表述方面要力求详尽，写出每一点能设想到的东西，尽量避免遗漏。

（5）活动所需用品。活动所需用品和活动的各项费用在根据实际情况进行具体、周密的计算后，用清晰明了的形式列出。

（6）活动负责人。列出活动负责人等主要参与者。

例文一

大学生科技节活动策划书

一、活动主题

"科技点亮生活"

二、活动背景

寻求创新和自我超越，我们在南大金陵学院的校园内掀起科技的浪潮举办本次科技节，结合城资系的特点普及科技知识，传播科技文化，讲述人与自然的哲学，探索传统与现代的融合。

三、活动目的

为培养学生的创新精神和实践能力，让同学们更全面地去接触科技、了解科技，激发每位同学对科技的热情，主动探索研究身边的科学问题，培养科学态度，弘扬科学精神，提高全体学生的科学素养，发掘学生的原始创新意识，鼓励学生去主动发现、自主研究、自主创新。

四、活动对象

面向全院学生，以城资系为主。

五、策划主办部门

城资系团总支组织部

六、活动流程

1. 前期准备

（1）活动前期宣传

（2）置办活动道具、奖品

2. 活动报名

在全校范围内接受各专业（着重城资系）同学报名。参赛者可到各班班长处报名或发送短信到张同学（156××××××××）的手机上。报名者需提供姓名、所在系列及专业、联系方式等基本信息，以便通知其领取比赛道具。

报名人数限制在50人以内。

报名截止时间4月29日。

3. 正式活动

（1）"我的飞机我做主"纸飞机制作比赛

时间：5月11日 12:20

地点：三食堂前坪（若天气状况不佳，则将地点改在三食堂二楼）

道具：A4纸、粉笔、米尺、小刀、剪刀、手表

（2）"让鸡蛋飞"创意设计制作比赛

时间：5月11日，继"我的飞机我做主"活动之后

地点：三食堂前坪

道具：鸡蛋、海报纸、电子秤、米尺、粉笔

（注：游戏规则另附）

奖品：

一等奖教超购物券 40元

二等奖 20元等值礼品

三等奖 10元等值礼品

参与奖小礼品

七、人员安排

准备：张莞晴

总策划：章紫薇、孙逊、马士权、徐洋

策划：杨旖瑶

材料（鸡蛋、海报纸、粉笔、米尺、电子秤、纸、小刀、剪刀）：章紫薇

借电子秤：张莞晴、章紫薇、杨旖瑶

打扫工具：全体大一成员

布置场地活动：郑静、张慧慧

现场秩序维持：李帅、刘鹏、孙逊、马士权

测量距离：荀坤、王维

测量时间：任青、周蒙

称重：徐洋、林斌

检查鸡蛋摔坏与否与装置是否符合要求：张莞晴、杨旖瑶、章紫薇

记录并计算成绩：谷庆

摄影宣传方案：充分发挥宣传部的作用，利用海报为主要宣传形式，在整个学院展开宣传工作，同时制作传发关于科技节的传单。

经费预算：海报（大幅电子一张+手绘一张）60元、宣传单（100张）+地贴30元、场地布置50元、比赛道具50元、奖品200元，共计：390元。

预备方案：①游戏当天若天气变化，则将场地改为三食堂二楼；②若前一赛事因特殊原因无法正常进行时，下一个赛事及时跟进；③其他紧急情况发生时，还需随机应变。

例文评析：这是一则活动策划书，活动背景、活动目的、活动步骤和所需人力物力、经费预算等内容详细具体，层次清晰，行文简洁。

例文二

社团风采展策划书

一、活动目的

为了营造良好和谐的校园文化，全面提高大学生综合素质，调动广大同学参与社团活动的积极性和主动性，使广大学生在活动参与中受到潜移默化的影响，思想感情得到熏陶，精神生活得到充实，道德境界得到升华。

创建校园精神文明和促进学生素质全面发展，体现时代性、参与性、竞争性，活跃我院大学生社团文化生活，培养和提高我院大学生的文化品位和艺术修养，营造良好的校园社团文化氛围，推动我院社团的发展。特此，我院大学生社团联合会策划举办此次社团风采展活动。

二、活动内容

1. 各社团的特色节目展示
2. 各社团的海报展示
3. 游戏互动

三、活动流程

1. 活动前期准备

（1）提前两天出海报及通知宣传此次活动。

（2）社团在11月23号前将本社团的表演节目上报社联，由社联负责对节目进行统筹安排。

（3）社团在11月24号前将活动所需海报准备好，并打印巡礼月活动照片。

（4）各社团负责提供一个互动游戏，并设置奖项，由社联统一提供奖品。相关道具必须在11月24号前准备好。

2. 活动当天

（1）各社团将海报等放置在场地两侧。

（2）由各社团表演本社团的特色节目，如跆拳道社的破板表演，双截棍社的双截棍表演，吉他社的吉他演奏，魔术社的魔术表演等。

（3）由各社团介绍游戏规则，邀请过往学生组队参与，优胜者可以参与抽奖活动，奖品到社联咨询台处兑换。

3. 活动后期工作

（1）由社联负责统一打印各社团风采展活动当天照片，并出展板展示。

（2）将活动总结交至学院报社，由报社协助宣传。

四、活动当天安排

（1）所需桌凳在早晨9点前准备到位。

（2）所需音箱、调音台等设备在早晨9点前准备到位，并调试好。

（3）游戏道具在早晨9:30分前准备到位，由社联统一安排各社团的活动场地。

（4）在10:00~10:30、15:30~16:00之间播放各社团录音的简介。

（5）在12:00~13:50之间安排各社团的节目展示，在12:40前关闭所有音响设施。

（6）在 12:50～14:00、17:30～18:30 之间安排各社团的互动游戏，18:30 结束所有活动。

五、活动时间

准备工作：11 月 22～24 日

开展活动：11 月 25 或 26 日

六、活动地点

北门广场或篮球场

七、活动人员

全院学生

社联成员

各社团成员

八、注意事项

（1）提前完成对各个社团节目以及互动游戏等的审核，以确保活动顺利开展。

（2）活动当天安排人员负责维持场地秩序，尤其要充分考虑到各社团表演的安全问题。

（3）活动当天至少安排一名社联干事以上成员值班负责处理突发事件。

（4）活动当天安排专人拍照。

（5）如遇天气因素可适当推迟本次活动。

九、可行性分析

（1）活动场地能否申请到位。

（2）活动所需音箱等能否申请到位。

（3）活动经费能否到位。

十、经费预算

活动当天所需照片打印：12 个社团*15 张照片/每个社团*0.6 元/每张=108 元

胶带、线绳等：6 元

其他：50 元

共计：164 元

大学生社团联合会
2010-10-20

例文评析：此策划书内容具体，条目清晰，表述清楚。

【知识拓展】

一、策划书写作注意事项

（1）策划书的语言要尽量简洁易懂。

（2）策划书名称尽可能具体地写出策划含义。

（3）活动的目的、意义应用简洁明了的语言将目的和要点表述清楚。

（4）活动目标要具体化，并需要满足重要性、可行性、时效性。

（5）应急措施等应在策划中加以说明。

二、策划书与计划书的区别

计划书是短期内的工作安排，工作的目标属于周期内的工作目标。策划书是为达成一个目标而做的阶段性整体规划，所容纳的内容不仅仅是工作计划，还有达成这个目标所需要组织的资源。如果把策划书的目标分解到各时间段内完成就可以叫计划书了。

换个角度说，策划书属于整合资源达成目标的一个谋划，属于总纲领，而计划书就是使用资源以期达成目标的执行过程，计划书明确到人和时间以及达成标准。

【实训平台】

一、填空题

1. 策划书是展示某次活动的_____和_____的应用文体，它把活动中所要采取的一切行动都列出来，指示相关人员在特定时间予以执行。它要求语言简洁、内容具体明确。

2. 策划书根据活动内容和目的不同一般分为_____策划书、创业计划书、_____策划书、_____策划书、_____策划书、网站策划书、项目策划书、公关策划书等。

3. 一般商业策划书都是以投资人或相关利益载体为目标阅读者，从而说服他们进行_____或_____。

4. 策划书的内容一般包括策划书标题、活动背景、_____、_____、活动所需的用品、活动负责人及主要参与者。

二、写作题

"每逢佳节倍思亲"，中秋佳节即将来临之际，为丰富同学们的业余生活，缓解游学在外的思乡之苦，我班准备下周三晚举办"中秋灯谜会"，为了让活动得以顺利开展，请大家帮忙拟定一份"中秋灯谜会"的活动策划书。

请根据以上材料作文，要求：

1. 以上材料可自行补充；
2. 格式规范，文从字顺；
3. 不得少于 300 字。

任务二　谨记事前要请示

【任务描述】

为增加实战经验，各班要向系领导写一份请示，请求批准举办一次模拟创业大赛活动。

【任务目标】

一、知识目标

1. 通过学习掌握请示的概念和特点。
2. 通过案例分析和病文会诊掌握请示的结构、格式和写作要求。

二、能力目标

能够熟练地写出格式规范的请示。

三、素质目标

1. 提高分析问题、解决问题的能力。
2. 培养学生对知识的钻研精神、求实的学习态度及团队合作精神。

【任务实施】

1. 以组为单位，成立文秘办公室，分组讨论并分析：
   （1）分角色模拟训练：演绎具体角色，研究如何向上级要求批准请求。
   （2）找出课本有关请示的概念、特点、分类、写作要求及注意事项。
2. 课堂练习：就组织模拟大赛事宜向领导写一份请示。各小组必须按照规定时间完成实训工作任务，拟写格式规范的应用文稿，不得拖延，并派出代表，互相点评、及时纠正，修改错漏。
3. 全班评议，选出本课拟写的最佳文稿，负责撰写的小组为胜出者。
4. 各小组誊写修改之后的正确行文，提交练笔文稿。

【任务资讯】

一、概念

请示是用于向上级机关请求指示、批准的一种上行公文。

二、请示的特点

（1）针对性。只有本单位权限范围内无法决定的重大事项，如重要决定、重要决策、人事安排等问题，以及在工作中遇到的新问题、新情况或克服不了的困难，才可用请示行文，请示上级给予指示、决断或答复、批准。因而"请示"具有很强的针对性。

（2）期复性。在公文体系中，请示是为数不多的双向对应文体之一，与它相对应的文体是批复。下级有一份请示报上去，上级就会有一份批复发下来。不管上级是不是同意下级的请示事项，都必须给请示单位一个回复。因此可以说，写请示最直接的目的就是得到批复。而且，下级机关都是在遇到比较重要的情况和问题需要解决时，才会及时向上级机关请示，急切地期待回复是请示者的必然心态。我们把这一特点称为"期复性"。

（3）单一性。请示应一文一事，一般只写一个受文领导，应按隶属关系逐级请示，一般情况下不得越级请示，特殊情况确实需要越级请示的，如经多次请示上级机关而长期未能解决问题，可以越级请示，但必须同时抄报给被越过的直接上级机关。

（4）时效性。请示是针对本单位当前工作中出现的情况和问题，求得上级单位指示、批准的公文，如能及时发出，就会使问题得以及时解决。

三、根据请示内容和目的的不同分为三类

1. 请求指示性请示

请求指示的请示运用于以下三种情况：

（1）遇到新情况、新问题，在有关的方针、政策、规章以及上级的指示中，都找不到相应的处理依据，无章可循，因而没有对策，需要上级机关给以指示。

（2）对有关方针、政策和上级机关发布的规定、指示有疑问，需要上级机关给予解释和说明。

（3）与友邻机关或协作单位在较重要的问题上出现意见分歧，需要上级机关裁决。

2. 请求批准性请示

请求批准的请示又可分为以下两种：

（1）请求批准有关规定、方案、规划。

依据有关规章和管理权限，下级机关制定的某些规定、方案、规划等，需要经过上级部门的批准才能发布实行。如本部门长期实行的法规，在制定出来后须经上级批准；由于本单位的特殊情况，难以执行上级的统一规定，需要进行变通处理，须提出变通方案报上级批准；设立新的机构，也要将设想或方案报上级批准；重要的工作计划、规划，也要报请上级部门批准。

（2）请求审批某些项目、指标。

在工作中遇到人、财、物方面的困难，自己无法解决，可提出解决的方案请上级机关审核批准，在人、财、物方面给予相应的调配。如请求审批基建项目，请求审批购进设备物资，请求增加人员编制等。

3. 请求批转性请示

某职能部门在自己的职权范围内制定了相关的办法和措施，却不能直接要求平级机关和不相隶属机关照办，可用请示的方式要求上级机关批转给有关部门执行。如绿化部门制定的保护花草和绿地的办法，由于职权的限制不可能自己直接出面要求有关部门都执行这一办法，就可以将这些办法和措施通过请示提交给上级，要求上级机关批转给所有相关部门施行。

四、请示的写作要求

请示一般由标题、主送机关、正文、发文机关、日期五部分组成。

（1）标题。请示的标题一般有两种书写方式：一种是由发文机关名称、事由和文种构成。如《吉林省人民政府关于增拨防汛抢险救灾用油的请示》；另一种是由事和文种构成，如《关于成立老干部办公室的请示》。

（2）主送机关。请示的主送机关就是负责受理和答复请示的机关。请示在确定主送机关时，要注意以下三点：

1）主送机关只能有一个。

2）只能主送上级机关，不能送领导者个人。

3）不得越级。

（3）请示的正文主要由开头、主体、结语三部分组成。

1）开头。

主要交代请示的理由，是上级机关批复的主要依据。一般而言，这部分要写明所遇到的新情况、新问题，或自身无力解决的困难，要写得充分、恰当、具体。内容简略、篇段合一的请示，开头也可以是表达行文目的和意义的一两句话，不独立成段。

2）主体。

主体是表明请示事项的部分，也是请示最核心、最重要的部分。请求指示的请示，主体要写明想在哪些具体问题、哪些方面得到指示。请求批准的请示，要把要求批准的事项分条列款一一写明。如果在请求批准的同时还需要人、财、物等方面的支持和帮助，更需要把编制、数量、途径等表达清楚、准确，以便上级及时批准。这部分内容要单一，只宜请求一件事。

如果请示内容十分复杂，可以在条款之上分列若干小标题，每一小标题下再分条列款。

3）结语。

请示的结语比较简单，在主体之后，另起一段，按程式化语言写明期复请求即可。期复请求用语常见的有"当否，请批示""妥否，请批复""以上请示，请予审批""以上请示如无不妥，请批转有关部门执行"等。

（4）发文机关。

标题写明发文机关的，这里可不再署名，但需加盖单位公章。

（5）日期。

例文一

<h3 style="text-align:center">吉林省人民政府关于增拨防汛抢险救灾用油的请示</h3>

国务院：

今年入汛以来我省气候异常，旱涝交错，灾害的突发性、阶段性十分明显。进入主汛期以后，出现3次较大的降雨过程，使我省白城、长春、四平、吉林等地区的十多个县发生了洪涝灾害。特别是进入8月份以后，嫩江连续发生两次大洪水，更加重了灾害程度（灾情统计待汇总核实后另文报告）。

近30多天，为战胜嫩江洪峰，确保沿江城镇、铁路、油田和人民生命财产安全，白城地区的大安、前郭、扶余等县（市）以及吉林省驻军，每天出动12万多人、3.5万多台机动车辆，日夜抢修加固堤坝，运送抢险物资，现已耗用柴油3700吨、汽油2000吨。

据省防汛指挥部通告，嫩江洪水消退到安全水位要到9月下旬。目前抗洪抢险的重点，已由加高、加实、加固堤坝，转为在200多公里长的堤坝上防风浪、抢险段，以避免渗水滑坡。抗洪战线长，洪峰消退慢，抢险工程量大，恢复生产、重建家园和修复水毁工程的任务十分艰巨。为此，特请国家增援抗洪抢险救灾用柴油5000吨、汽油5000吨。

请予审批。

吉林省人民政府
二〇〇八年八月三十日

（例文来源：http://www.51test.net/show.asp?id=211647&Page=4）

例文评析：这篇请求批准的请示，围绕"增拨防汛抢险救灾用油"这个主旨，按请示原因、请示事项、请示要求这"三个要素"的逻辑顺序叙述。从入汛以来吉林省灾情的突发性、阶段性，到抗灾战线人力、物力的投入，进而讲到面临的抗灾抢险的艰巨任务，由远及近，井然有序，使"增拨"用油的理由很充分，令人信服。然后转入请示事项，只有一句话"特请国家增拨抗洪抢险救灾用柴油5000吨、汽油5000吨"，不另起段，与请示缘由接写，显得连贯、紧凑。最后，用"请予审批"的惯用语作为结尾段。

例文二

<h3 style="text-align:center">关于《会计人员职权条例》中"总会计师"是行政职务或是技术职称的请示</h3>

财政部：

国务院1987年国发〔1987〕24号通知颁发的《会计人员职权条例》规定，会计人员技术职称分为总会计师、会计师、助理会计师、会计员四种；其中"总会计师"既是行政职务，又作为技术职称。在执行中，工厂总会计师按《条例》规定，负责全工厂的财务会计事宜；可是每个工厂，尤其是大工厂，授予总会计师职称的有四五人，究竟应由哪一位负责全厂的财务会计事宜和执行总会计师的职责与权限？

我们认为宜将行政职务与技术职称分开。总会计师为行政职务，不再作为技术职称；比照最近国务院颁发的《工程技术干部技术职称暂行规定》，将《条例》第五章规定的会计人员职称中的"总会计师"改为"高级会计师"。

以上认识是否妥当，请指示。

山东省财政厅（章）
二〇〇五年九月十日

（例文来源：http://www.zhuanzhai.com.cn/gongwen/1374.shtml）

例文评析： 这是一则请求指示的请示。本则请示首先引据国发〔1987〕24号文，接着写执行该文出现的问题，提出改"总会计师"职称为"高级会计师"的请求。最后用请示结语收束。层次分明，理由清晰，行文简洁。

【知识拓展】

1. 请示应注意的问题

（1）一文一事的原则。如果确有若干事项都需要同时向同一上级机关请示，可以同时写出若干份请示，它们各自都是一份独立的文件，有不同的发文字号和标题。而上级机关则会分别对不同的请示作出不同的批复。

（2）材料真实，不要为得到领导批准而虚构情况。

（3）理由充分，请示事项明确。

（4）语气平实、恳切，以引起上级的重视。

2. 应注意请示与报告的区别，切忌用报告代请示行文

请示与报告虽然都是陈述性上行文，但它们的性质、内容和写法都存在很大的不同。

（1）写作目的不同：请示是就某一问题请求上级机关指示、批准，请求上级答复；报告是向上级机关汇报工作、反映情况、提出建议，不需上级批复。

（2）写作时间要求不同：请示必须在事前行文，请上级批复回答；报告在事前、事后及事情进行中都可行文，一般不需上级批复。

（3）写作事项要求不同：请示应一文一事，报告则可写一事或数事。

（4）主送机关的多少不同：请示一般只能写一个主送机关，如需同时送其他机关，应当用抄送形式，由主送机关负责答复；报告则可以写一个或多个主送机关。

请示和报告是公文中两个不同的种类，应避免请示与报告混用、并用。

病文分析：

关于举办团干部培训班的请示报告

县委：

目前我县团干部队伍的现状与形势和任务的要求极不适应。据查，全县专职团干部中36岁以上的40名，其中41岁以上的28名，大大超过了有关规定。从文化水平来看，大专文化的仅占6%。而且近年来，团干部更新较快，每年平均30%左右。在新老交替过程中青黄不接的现象也较为突出。

为了改变这种状况，我们曾办过几期团干部培训班，很受欢迎。现在根据我们的师资能力，拟于今年10月至明年4月再办一至二期团干部培训班。具体意见如下：

　　（一）培养目标：培养具有一定马列主义、毛泽东思想基础理论水平和党的政策思想水平，较全面地掌握青年工作理论和团的业务知识，热爱团的工作，思想正派的团委书记和专职团干部。

　　（二）培训时间：3个月左右。

　　（三）内容和安排：①马列主义、毛泽东思想基础理论，约占总课时的65%；②团的工作理论，约占总课时的30%；③其他方面知识，约占总课时的5%。考试及格者，发给毕业证书，承认学历。

　　（四）学员条件：拥护党的三中全会以来的路线、方针、政策；作风正派；热爱团的工作，有创新和献身精神；具有一年以上的团的基层工作经验，有初中或相当于初中的文化；年龄不超过25岁；身体强健。

　　（五）招收人数和报名办法：本次共招收40名，由各乡、直属单位、各系统的党委（组）和团委推荐，报县团委批准，填写一式两份的报名表。报名于7月20日截止。

　　为了适应飞速发展的新形势之需要，加强团干部队伍的政治素质，完成培养有理想、有道德、有文化、守纪律的一代共产主义新人的使命，关键是建设一支符合四化要求的团干部队伍。办这个培训班就是为了这个目的。

　　以上意见，如无不妥，请转发有关单位。

成武县团委
二〇〇六年七月三日

（例文来源：http://wenwen.soso.com/z/q139941959.htm，有改动。）

　　这篇请示存在以下几个方面的问题：

　　（1）文种不规范。

　　请示和报告是两种不同的文体，各自有自己的功能和写作要求。凡有请求事项，需要指示、批准的，均为请示，不得写成"报告"，也不得写为"请示报告"。这篇公文应该是"请示"，必须将标题中的"报告"二字删去。

　　（2）违反有关法规。

　　不经国家正规的学历教育，不能获得毕业证书。学校之外的任何单位，都无权发毕业证书。否则，即使有所谓的证书，也不会被承认学历。而仅经县级团委三个月的短期培训，就"发给毕业证书，承认学历"的说法，明显违法。

　　（3）内容含混，分寸失当。

　　文中"拟举办一至二期团干部培训班"一句，含混、不确定，显得想法很不成熟。应该在有了明确的计划和安排之后，再向上级请示，否则上级不好批复。另外，从本文前几段的内容和口气看，办培训班的事还有待县委同意，可是后面居然说"报名于7月20日截止"，要求"转发有关单位"，似乎不容置疑，显然分寸失当。只有办理上级批准了的或者上级交办的事项，才能写入上述内容。

（4）结构紊乱。

本文主体的最后一段是行文的目的，应该在开头出现。出现在主体的最后很不合理，造成了结构的紊乱。

（5）语言不够准确。

正文第二自然段有"我们曾办过几期团干部培训班，很受欢迎"的话，其中"很受欢迎"应该改为"效果很好，培养了多名称职的团干部"。第一条的"培养目标"跟培训对象相混淆，与后文搭配不当。第四条最后的"身体强健"，应为身体健康。最后"请转发有关单位"，"转发"应为"批转"。

（6）层次标序有误。

国务院办公厅《公文处理办法》规定：结构层次序数，第一层为"一、"，第二层为"（一）"，第三层为"1"，第四层为"（1）"。本文只有第一层，应标为"一"。

【实训平台】

一、填空题

1. 请示是下级向所属上级请求_____、_____的一种上行公文。
2. 请示的正文主要由_____、_____和_____三部分组成。
3. 按行文的目的和内容，可分为_____的请示、_____的请示和_____的请示。
4. 请示具有_____、_____、_____和_____的特点。

二、选择题

1. 请示结尾常见的习惯用语是（　　）。
   A．"特此报告"或"专此报告"　　B．"当否，请批示"
   C．请批复　　　　　　　　　　D．以上意见当否，请速批准
2. 先有请示，后有（　　）。
   A．函　　　　B．通知　　　　C．决定　　　　D．批复

三、判断题

1. 请示是上行文，批复是下行文。（　　）
2. 因时间紧迫，可在同一份请示中向上级机关请求拨款建办公楼和买汽车。（　　）
3. 请示可以不予批复。（　　）
4. 为节约时间，提高办事效率，可以把请示直接送给领导者个人。（　　）
5. 请示一般只写一个主送机关，如需有关上级单位知道，可用抄送形式。（　　）
6. 任何情况下都不得越级请示。（　　）

四、病文评改

（请使用正确的写法，分析模式：一、_____有错误，_____不应_____，应改为：_____。）

原平县税务局重建税务所办公楼的请示报告

德州地区税务所、城建局、国土局、物资局：

　　我局所属的龙门区、桃源区、丰云区三个税务所因受灾被洪水淹没，现决定重建三个区税务所办公楼三幢，建筑面积 500 平方米，用作办公室和职工宿舍，共需资金 50 万元，扩征土地 3 亩，钢材 10 吨，水泥 20 吨。

　　特此报告。

　　县税务局（章）

2009-12-24

五、写作题

　　元旦将至，滨海市职业技术学院经管系共青团总支部拟举办一台迎新年师生联欢文艺晚会。请代经管系共青团总支部向学院团委撰写一篇要求拨发筹办元旦文艺晚会经费的公文。

　　请根据以上材料作文，要求：

　　1．选择正确的文种行文，以上材料可自行补充；

　　2．格式规范，文从字顺；

　　3．不得少于 300 字。

任务三　严谨规范做条据

【任务描述】

　　任务 1：粮油轻工系学生江敏是大赛筹备委员会成员，因筹备工作需要，江敏要占用 1 天的上课时间，请代江敏同学给其班主任李斐斐老师写一张请假条，请假时间为一天。

　　任务 2：江敏代表筹备委员会要向学院财务处借取资金 2000 元，一个月后归还，请写一张借条。

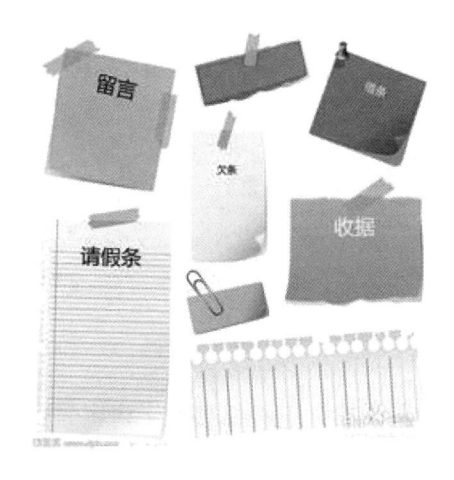

【任务目标】

一、知识目标

能够运用所学知识写作条据，并指出一些条据的不规范之处。

二、能力目标

掌握条据的写作格式。

三、素质目标

1．提高分析问题、解决问题的能力。
2．培养严谨的生活态度和工作作风。
3．培养团队协作能力。

【任务实施】

1．以组为单位，分组讨论：
请假条、借条应有哪些内容，比较哪个组的结论最周全。
2．分角色模拟训练：
学生分组代江敏同学写请假条，写完后小组内互评，并推荐出各小组的最佳作品，进行全班评议。
3．教师释疑解错，归纳提升、总结；学生熟记写作要领。
4．誊写修改后的请假条并提交。

【任务资讯】

一、条据的概念

条据是处理日常临时事务的一种简单应用文。它是在办理某项手续或处理某项事务时，当事者双方按照规定必须履行一定手续而形成的文字凭证。条据的内容非常简单，但应用范围十分广泛。

二、条据的分类

条据有两类，一类是说明性条据，也叫便条；一类是凭证性条据，也叫字据或单据。

三、说明性的条据

说明性条据就是一种简单的书信，它的简便在于内容简短，无须邮寄。常用的便条有请假条、留言条和托人办事条等。随着现代通信技术的发展，说明性条据中的留言条和托人办事条已不常用，所以本书重点讲解请假条。

1. 请假条

请假条是请求准假不参加某项工作、学习、活动的文书。

2. 留言条

留言条是访人不在，又有话、有事向别人交待而写的一种文书。

3. 托人办事条

托人办事条是委托他人代办某事时所写的条据。

四、请假条的写作格式

请假条一般应包括以下几个部分：

1. 标题

居中写"请假条"三字。

2. 称呼

称呼要顶格写，并在后面加冒号。

3. 正文

正文要另起一行，空两格。主要写明请假的原因和请假的具体时间，并提出请求，如"请准假""希予批准""特此请假"等。

4. 祝颂语

最好写上祝敬语。在正文下一行空两格写"此致"，另起一行写"敬礼"。

5. 请假人姓名及日期

请假人姓名和日期，写在正文的右下方。

例文一

请假条

王老师：

　　我今天腹泻，四肢无力，经医生诊断，患痢疾，需要休息四天（星期三、四、五、六）不能上课，特此请假、恳望批准！

　　此致

敬礼

（附医生病体证明一张）

电气系 2014 级　2 班张丽
2015 年 6 月 8 日

例文评析：这个请假条写得格式规范、简洁明白。头行正中写明了假条的名称，下行顶格写明请假对象，便于主管人审批；正文中写明了请假理由，提供了批假依据；写明了请假的具体时间；"特此请假，恳请批准"强调了请假要求；"此致—敬礼"表现了学生的礼貌，最后写明了请假人姓名、时间。

例文二

请假条

请假日期：2010 年 3 月 6 日

姓名		王志美	所在科室	基础部文科教研室
起止时间		自 2010 年 3 月 8 日至 2010 年 4 月 8 日，共计 30 天			
事由		参加省教育局组织的普通话专题研讨及培训会议			
领导批示	科（组）长	同意。曹强 2010 年 3 月 6 日			
	处室主任	同意。张峰 2010 年 3 月 6 日			
	分管院长	同意。李娟 2010 年 3 月 7 日			
	院长	同意。王勇 2010 年 3 月 7 日			

注：请假条一式二份，一份由科室保存，一分交学院督察室。

例文评析：此请假条是德州职业技术学院的统一格式的表格式请假条。这种请假条的好处是格式统一。此请假条有请假事由和日期，还有请假的天数、事由。内容具体又简洁明了，同时还有领导批示。注意，请假条在得到有关负责人批示后方才生效。

例文三

借条

今借到张强彬人民币壹万元整，即￥10000.00 元，自二〇〇六年二月九日至二〇〇六年八月八日，期限六个月，利率为每月 0.8%，利息共计人民币肆佰捌拾元整，即￥480.00 元，全部本息于二〇〇六年八月八日一次性偿还。

此据。

借款人：方东林（印章）

二〇〇六年二月九日

例文评析：此借据言简意赅，简明清楚。写清了具体的借款数量、借期、利率、偿还的具体时间。

例文四

今借到

德州职业学院电教室音箱壹对，话筒两个，于 5 月 6 日归还。

此据。

经手人：德州职业学院罗勇

二〇一五年五月三日

例文评析：此借据言简意赅，简明清楚，一一写明了出借方名称，所借的物品是什么，数量多少，以及归还的时间。

例文五

收条

今收到德州市职业技术学院贫困生助学捐款壹万圆整。

德州市教育局（盖章）

经手人：王强

二〇一〇年六月十日

例文析评：收条是条据的一种，内容短小精悍而又清楚明白，将从何处领取、领取的什么、数目多少、经办人、领取时间等均交代得十分清楚。

例文六

领条

今领到市商业局教育科《商业职工教育文科选编》伍拾本。
此据。

经手人：昌隆公司刘昌

二〇〇九年十月二十日

例文评析：领条是个人或单位向其他人或单位领取钱物时写给对方的单据。从哪里领取、领取什么、数量都要写明了。此领条意思清楚，所领物之数目用大写，符合信条格式。

例文七

代领条

代为收到学院发给计算机系软件技术班肖梦同学的奖学金人民币壹仟元整。
此据。

经手人：计算机系软件技术班李纳（代）

二〇〇九年六月九日

例文评析：代领条格式写法与领条相似，所不同的是要标明"代"字来说明领条的性质。这则领条涉及钱物，把钱款来源、替谁代领取的、钱款数额讲得清楚明白。

例文八

欠条

原借学校财务处人民币叁仟圆整，已还壹仟伍佰圆整，尚欠壹仟伍佰圆整，于两个月内还清。

张刚

二〇一〇年二月二十日

例文评析：欠条正文中包含了欠款金额、还款时间、借款人的亲笔签字及立欠条的时间。内容全面，格式也较规范。

五、凭证性条据

凭证性条据是写条据人交给对方的一种书面凭证，当有经济往来，为了手续清楚，往往要写一张字据交给对方留作凭证，以供事后保存查询。字据最大的特点是它具有凭证的作用，即证明性。它是财务、保管工作中的一种凭证，是有关部门收入、支出的根据。常用的凭证性条据有借条、收条、领条、欠条等，又分别称为借据、收据、领据和欠据。

1. 借条

借条是个人或单位借用个人或公家的现金、财物时所写的一种凭证，以供对方保存。借条又称借据。借条是人们在日常工作和生活中经常使用的一种应用文。

钱物归还后，应把借条收回并销毁。借公款的借条若做了账，则不退回。

2. 收条

收条是收到别人或单位送到的钱物时写给对方的一种凭据式的应用文。收条也称作收据。收条也是日常生活中经常使用的一种应用文。

单位的收据应有两联，一联留存做账，一联交对方报销。

3. 领条

领条是领取物品的个人或单位的一种文字凭证，它是在发放和领取物品的过程中，时常使用的一种应用文样式。

4. 欠条

欠条是借了别人钱财在已经归还了一部分的情况下，对拖欠部分所写的以证明此种债权债务关系的凭证性应用文。

六、单据的写作格式

单据的种类很多，但格式比较统一。写作时，只要根据不同的内容变换字句就行。

字据通常由标题、正文、落款三部分组成。

1. 标题

第一行居中写"借条""收条""领条""欠条"，以表明字据的性质。也可写成"今借到""今收到""今领到""今暂欠"，既表明性质，也说明时间。

2. 正文

第二行空两格写正文内容。条据正文的开头常用"今""现""兹"作起字，有较为固定的惯用语。一般首先注明"今借到""今收到"等。（如果标题已标明"今借到""今收到"等，正文中就不必再写这项内容）然后写明对方单位名称或个人姓名，再写清涉及的现款或物品的名称和具体数量。借条和欠条还应写明归还的期限及损失的赔偿等事宜。若借公家的现金和物品，一般还应写明用途。最后，另起一行空两格写"此据"二字。

3. 落款

在正文右下方签署经手人姓名及日期。单位出具的比较正规的条据，在经手人姓名前还应注明单位全称并加盖公章。

【知识拓展】

一、写作便条的注意事项

便条内容要明确具体。如请假条要写明请假的原因，务必真实可信；还要写明请假的具体时间，不能仅写"需请假，请批准"。如果有可能证明请假原因的证据，如医生证明，也可附在请假条上。另外，请假条一般经领导或上级部门批准后方可生效。

便条的语言要简洁准确，言简意明，朴实明快，直截了当，态度诚恳。

二、写作单据注意的事项

对外使用的条据，写对方单位名称要用全称。若是物品要写明名称、规格、数量；是金钱要写明金额，必须用大写，以防涂改。数字前不留空白，数字后面要写量词，如"元""个""双""斤"等。条据中的文字如果确实需要改动，要在涂改处加盖印章，以示负责。写条据字迹要端正清楚，要用钢笔、碳素笔或毛笔书写。

凭证性的条据尤其要注意以下问题：

（1）空白留得过多。条据的内容部分与签章署名之间的空白留得太大，容易被持据人增添补写其他内容，或将原内容裁去，在空白处重新添加内容。

（2）大写、小写要分清楚。写条据时，如果只有小写，没有大写；或者小数点位置不准确，数字前头有空格；或大写、小写不相符，都容易被持据人添加数字或修改，甚至由此而引发民事纠纷。

（3）不能用褪色墨水书写。用圆珠笔或其他易褪色的墨水书写条据，倘遇保存不当、受潮或水浸时，字迹会变得模糊不清，并为某些别有用心的人用化学制剂涂抹留下可乘之机。

（4）要写明条据日期。不写明日期的条据，一旦发生了纠纷，事实真相常常难以查清，对诉讼时效的确定也容易造成困难。

（5）名字要写齐全。条据上有姓无名或有名无姓，都会给对方留下行骗的口实和赖账的把柄。

（6）印鉴要规范。由他人代笔书写或者代笔签名，而本人只在上面按一个手印，发生纠纷时，也很难认定责任。

（7）还款时要索回条据。还款还物时，对方若称一时找不到借条，应该让其写一张收据留存，这样才不致于给日后留下隐患。

总之，凭证性条据一经签订，一般对签约的各方就有了约束力，特别是经济性质的条据。因此，条据写得是否准确，权利与义务规定得是否严密、完备，关系到当事人的切身利益，影响到发生纠纷时，是非曲直的判断和鉴别。所以，写条据时，必须认真慎重，要熟悉各类条据的格式及写法。

三、借条和欠条的区别

借条是指借别人的现金或财物时写给对方以证明债权债务存在的一种便条文书；而欠

条则是借了别人钱财在已经归还了一部分的情况下，对拖欠部分所写的以证明此种债权债务关系的书面证明或借别人钱或物，于事后补写的书面证明也是一种欠条而非借条。

【实训平台】

一、填空题

1．写请假条要有充分的_____，还要符合有关的_____。有些请假条还须经过_____才能有效。

2．借款时写过借条或欠条，还款时要_____。还款还物时，对方若称一时找不到借条，应该让其写一张_____留存，这样才不致于给日后留下隐患。

二、判断题

1．便条和条据在日常应用文中同属一类，所以两者的性质和作用是一样的。（　　）
2．便条是一种简便的书信体，因此也可以抒情、说理。（　　）
3．条据之所以具有法律效应，是因为它是一种字据。（　　）
4．写便条和字据时的格式正确、内容清楚就行，至于用什么样的笔法则无关紧要。（　　）

三、简答题

1．本节"例文一"中为何在括号内补充说明"附医院病休证明一张"？
2．本节"例文四"为什么在署名前加"经手人"三个字？
3．以本节"例文三"和"例文八"为例，说说借条和欠条有何异同。

四、病文评改

病文一

请假条

我因家中有急事需请假，请予批准。

2004级汽车系汽修班 张明
2005年9月20日

病文二

借条

今因个人购车需要，暂借林荀人民币3.4万元整。过后归还。
此据

借款人：苏宇
2006年4月1日

五、写作题

因学院创业大赛前期，需要部分资金的投入，江敏同学需要代表筹备委员会，向学院财务处提前借取前期资金 2000 元，专项资金到位后归还。（请代江敏同学写一借条，约定一个月后归还。

任务四　简明及时写通知

【任务描述】

为部署创业大赛有关事宜，德州职业技术学院各系部的筹备委员会需要召开会议，邀请各班筹备委员参加，请拟写一份会议通知。

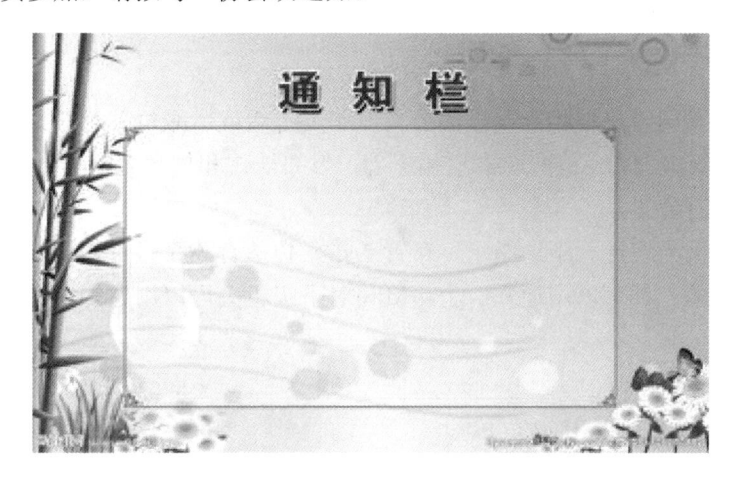

【任务目标】

一、知识目标

能够运用所学知识写作通知，并指出一些通知的不规范之处。

二、能力目标

掌握通知的写作格式。

三、素质目标

1．提高分析问题、解决问题的能力。
2．培养严谨的生活态度和工作作风。
3．培训团队协作能力。

【任务实施】

1. 以组为单位，成立文秘办公室，分组讨论分析：
   （1）办文情境导入：预备讨论事宜，并为此发布会议通知。
   （2）分角色模拟训练：演绎具体角色，研究如何发布通知内容。
   （3）找出课本有关通知的概念、特点、分类、写作要求及注意事项。
2. 课堂练习：撰写一则会议通知。各小组必须按照规定时间完成实训的写作任务，格式规范拟写应用文稿，不得拖延，并派出代表、互相点评、及时纠正，修改错漏。
3. 全班评议，选出本次课拟写的最佳文稿或提纲，负责撰写的小组为胜出者。
4. 各小组誊写修改之后的正确行文，提交练笔文稿。

【任务资讯】

一、通知概述

通知，是转发同级或不相隶属机关公文，印发上级或本级机关有关公文，批转下级机关公文，传达上级机关指示，任免和聘用干部，发布法规和规章，以及要求下级机关办理、执行或周知事项的公文。

通知的应用极为广泛。下达指示、布置工作、传达有关事项、传达领导意见、任免干部、决定具体问题，都可以用通知。上级机关对下级机关可以用通知，平行机关之间有时也可以用通知。

二、通知的特点

1. 功能的多样性

通知是所有公文中功能最为丰富的。它可以用来布置工作、传达指示、晓谕事项、发布规章、批转和转发文件、任免干部等，总之，下行文的主要功能，它几乎都具备。

2. 运用的广泛性

通知的发文机关，几乎不受级别的限制。大到国家级的党政机关，小到基层的企事业单位，都可以发布通知。

通知的受文对象也比较广泛。在基层工作岗位上的干部和职工，接触最多的上级公文就是通知。而且通知虽然从整体上看是下行文，但部分通知（如晓谕事项的通知）也可以发往不相隶属机关。

3. 一定的指导性

通知这一文体名称，从字面上看不显示指导的姿态，但事实上，多数通知都具有一定程度的指导性。用通知来发布规章、布置工作、传达指示、转发文件，都在实现着通知的指导功能，受文单位对通知的内容要认真学习，并在规定时间内完成通知布置的任务。

个别晓谕性的通知，特别是通知作为平行文发布的时候，可以没有指导性或只有微弱的指导性。

4. 较强的时效性

通知是一种制发比较快捷、运用比较灵便的公文文种，它所办理的事项，都有比较明确的时间限制，受文机关要在规定的时间内办理完成，不得拖延。

三、通知的分类

根据适用范围的不同，可以分为六大类：

（1）发布性通知：用于发布行政规章制度及党内规章制度。

（2）批转、转发性通知：批转性通知用于上级机关批转下级机关的公文给所属人员，让他们周知或执行。转发性通知用于转发上级机关或不相隶属的机关的公文给所属人员，让他们周知或执行。

（3）指示性通知：用于上级机关指示下级机关如何开展工作。

（4）任免性通知：用于任免和聘用干部。

（5）会议通知：是专门为组织会议制发的文书。

（6）事务性通知：用于处理日常工作中带事务性的事情，常把有关信息或要求用通知的形式传达给有关机构或群众。

四、通知的格式

由于通知的功能多，种类多，写法彼此有较大的区别，这里只能概括介绍一些通知写作的基本方法。

1. 通知的标题

通知的标题一般采用公文标题的常规写法，由"发文机关＋主要内容＋文种"组成。如《中共中央办公厅、国务院办公厅关于严禁用公费变相出国（境）旅游的通知》。

也可以省略发文机关，由"主要内容＋文种"组成标题。如《关于印发〈规范国有土地租赁若干意见〉的通知》（国土资发〔1999〕222号）。

发布规章的通知，所发布的规章名称要出现在标题的主要内容部分，并使用书名号。

批转和转发文件的公文，所转发的文件内容要出现在标题中，但不一定使用书名号。如《国务院办公厅转发教育部等部门关于进一步加快高等学校后勤社会化改革意见的通知》。

2. 通知的主送机关

通知的发文对象比较广泛，因此，主送机关较多，要注意主送机关排列的规范性。如人事部《关于解除国家公务员行政处分有关问题的通知》的主送机关：各省、自治区、直辖市人事（人事劳动）厅（局）、监察厅（局）；国务院各部委、各直属机构人事（干部）部门、监察局（室）。

由于级别、各称不同，主送机关的称法和排列非常复杂，这个序列一般要根据级别的高低依次向下排列。

有一些通知因为没有特定的受文对象。可以不写主送机关。

3. 通知的正文

通知的正文一般包括缘由、事项和要求三部分，不同类型的通知，其正文写法也略有不同。

第一，通知缘由。

发布指示、安排工作的通知，主要用来表述有关背景、根据、目的、意义等。

发布规章的通知，多数情况下篇段合一，无明显的开头部分，一般也不交代缘由。

批转、转发文件的通知，根据情况，可以在开头表述通知缘由，但多数以直接表达转发对象和转发决定为开头，无需说明缘由。

第二，通知事项。

这是通知的主体部分，所发布的指示、安排的工作、提出的方法、措施和步骤等，都在这一部分中有条理地组织表达。内容复杂的需要分条列款。

晓谕性通知，有时需要列出新成立的组织的成员名单，以及改变名称或隶属关系之后职权的变动等。

第三，执行要求。

发布指示、安排工作的通知，可以在结尾处提出贯彻执行的有关要求。如无必要，可以没有这一部分。

其他篇幅短小的通知，一般不需要有专门的结尾部分。

4. 通知的落款、日期

落款处须写明发文机关名称（公章）、发文日期。如果标题中已经注明发文机关，落款处可以省略。

例文一

德州市环保局关于转发
《诸城市环保局关于开展环保自检互检工作的总结报告》的通知

各县（区）环保局，各直属单位：

诸城市环保局是我省环保工作的先进单位，积累了丰富的工作经验。近年来，他们通过开展环保自检和互检，有效地推动了环保工作的深入开展，并取得了良好效果。他们的经验也基本适用于我市。现将《诸城市环保局关于开展环保自检互检工作的总结报告》转发给你们，望参照执行，以推动我市环保工作的深入开展。

德州市环保局（印章）

二〇〇九年二月十六日

例文评析：这是一则转发性通知。有如下特点：

（1）体式规范。文中已明确写出"现将《诸城市环保局关于开展环保自检互检工作的总结报告》转发给你们"，故不必再于正文之后落款之前标出附件标题；诸城市"总结报告"也不以"附件"出现，而是该"通知"的直接发出件，即为同一件。

（2）理由充分。诸城市与德州市无隶属关系，但诸城市的环保工作做得好，并是全省的先进单位，而且"他们的经验也基本适用于"德州市。所以，予以"转发"是正常的。

例文二

德州职业技术学院关于做好网上传递文字信息工作的通知

各部门、各系部：

学校决定从 2006 年 3 月 1 日起正式启用办公信息网。办公信息网开通以后，学校的文件、校讯、事务通知等文字信息将通过该网发送，不再制成纸质材料。为保证这一工作的顺利进行，现将有关事项通知如下：

一、学校服务器内为全校每位教职员设立了一个邮箱，并为教研室主任以上的干部开设了WWW账户，每个邮箱都有自己的用户名和密码（WWW账户的用户名和密码同邮箱是共用的）。用户有责任保护自己的账户密码不被他人盗用，因账户密码丢失造成的后果一律由本人负责。

二、学校办公信息网与国际互联网连接。为做好保密工作，学校要求所有下发的文件必须直接发送到教研室主任以上干部邮箱中去，其他文字信息可网上发布。

三、网上传送有关文件等文字信息是一项要求标准高的全新工作。各部门要落实责任。

四、各部门、各教研室的信息员应保证本部门的计算机随时处于可用状态，严禁用办公用计算机进行与工作无关的操作，防止计算机病毒的感染与扩散。对因非工作原因造成系统或硬件损坏影响正常工作的，学校将追查当事人的责任。

五、各部门、各教研室信息员每天至少打开邮箱两次（上午 9 点、下午 3 点）。各部门发布开会通知，必须有一定提前量，避免误事。

六、要求各部门将信息员名单于 3 月 10 日前报学校办公室。

七、在实行网上传送文字信息工作中遇到的具体问题，请及时与学校办公室和计算机信息工程系联系。

德州职业技术学院（印章）
二〇〇六年二月二十五日

例文评析：这是一则指示性通知。从内容上看，文章开头部分原有的说明简明扼要，寥寥两句，既说明情况又表达了目的，干净利落，主次分明。主体部分的通知事项，主旨明确、条理清晰，切实可行、措施周密，充分表现了指示性特点。

例文三

关于召开 2006 年颜料行业工作会议的通知

各颜料企业及涂料相关单位：

为促进国内颜料企业在新时期有更大的进步与发展，从整体上提高行业自主创新能力和水平。中国涂料工业协会研究决定于 2006 年 5 月 25 日在成都召开 2006 年全国颜料行业经济工作会议。

会议由中国涂料工业协会和颜料各专业分会联合主办。会议的主题是"引领颜料行业走向未来"。此次会议将邀请政府有关职能部门、科研院所、专业协会以及在颜料应用领域潜心研究的专家、学者进行有针对性的专题讲座和报告。

现将会议的有关事宜通知如下：

一、会议的主要内容

1. 加强行业自律，提高责任关怀意识，提升行业环境保护整体水平；
2. 2005年我国无机颜料主要行业经济运行情况及发展趋势；
3. 我国有机颜料工业的现状与发展；
4. ……
5. ……

二、会议时间及日程安排

2009年5月24日全天报到，25～26日两天会议（内容安排详见日程表）。

三、参会人员

颜料生产企业、配套企业、科研院所、科工贸公司及涂料相关企业的主要领导和专业人员。

四、会议地点及乘车路线

1. 会议地点：安蓉大酒店（成都市茶店子正街132号）
2. 乘车路线：

火车北站：乘86路、511路至茶店子站即到。乘的士约13元。

飞机场：乘303大巴至天府广场转4路或98路至茶店子站即可。乘的士约70元。

五、其他

（略）

联系电话：010-62253382；传真：010-62250037

户名：中国涂料工业协会

开户行：工商行北京六铺炕分理处

账号：0200022309014431804

中国涂料工业协会（印章）
二〇〇九年四月二十五日

例文评析：这是一则会议通知。文章首先说明召开会议的原因。主体部分分别说明会议的内容及参加会议应当知晓的各种事项。语言简洁，交代事项明确。

【知识拓展】

通知的写作要求及注意事项如下所述：

1. 通知的行文方式

通知一般为下行文，有时也可以为平行文，主要用于向同级或不相隶属机关传达周知事项。通知严禁上行，如果需要上级机关知晓，可以用抄送的形式。

2. 通知的事项要具体

通知中无论是对有关情况的介绍和评价，还是对有关单位和人员的要求，都要明确清楚，以便于对方执行。

指示性通知要写明提出指示的根据和指示事项，指示的内容要明确具体、切实可行；批示性通知在正文中要间接地说明所颁布或转发的公文的制发机关、日期、公文标题以及颁布或转发的目的、意义与要求等；任免性通知要写明批准机关、日期及被任命人的职务、姓名等；会议通知要写明会议名称、议题、时间、会址、要求以及注意事项等。

3. 通知的措辞要严密

语言表述要注意准确、完整、严密、无歧义。

4. 通知用语要得体

通知用语要求庄重，也不失恳切，既要体现发文机关的权威性和严肃性，又要体现其协调性和尊重性。切忌打官腔，妨碍工作大局。

病文分析

宣传部关于成立摄影小组的通知

我部成立一个摄影小组，目的是为了更好地配合"人与自然和谐相处"活动，丰富我们的业余文化生活，培养我们的情操，有利于我们提高观察生活的能力，从生活中挖掘出美的事物，使我们更加热爱我们的社会主义祖国。

本小组将聘请专业或业余摄影家来讲学，在一两年内本小组成员除了能掌握摄影基本知识外，还能学会拍摄过程中常用的知识，如追随法、逆光摄影法、高调摄影等，在冲洗照片过程中常用的如冲洗技术、多次曝光叠加成像、修改底片等方法。待初步掌握了这些技能以后，我们还将出外采访，从而更好地深入实际，了解社会，还将尽可能地游历祖国名山大川，拍出有浓郁的生活气息和奇丽风光的艺术照片，并举办学员作品展览，评出优秀作品，对作者予以适当奖励，结业时，凡掌握了所学内容者，都发给毕业证书，并赠送纪念品。总之，凡加入本小组的同志，只要认真学习，虚心请教，互相交流，取长补短，切磋技艺，都会在摄影技术上取得很大进步，成为祖国有用的人才。

凡是对摄影有爱好的同志，可以自愿报名参加，要自带照相机，有摄影作品的同志最好一并提交，以供录取时参考。活动时间每星期二、四下午，报名处在宣传部 203 室，报名时交一张一寸照片，报名时间 5 月 1 日~5 月 10 日，过期不再补报。有关各项要求望及时发给各党支部给予传达，尽快将名单报上来。

摄影是一门艺术，它会使我们的生活更加充实，激发我们对祖国的爱和为祖国献身的勇气，望大家踊跃参加。

宣传部办公厅
二〇〇八年四月二十三日

这篇通知存在以下问题：

（1）发文机关不当。

通过通知内容可知，成立摄影小组并不是本部门行政和业务工作的需要，而是丰富干部职工的业余文化生活。这样的工作不应由办公厅出面来做，而应由工会文体部门来做，用工会的名义发文。而且这一工作实际上只涉及部直属机构，不可能涉及到所有部属机构，用部直属机关工会的名义发文，才是最恰当的。

（2）结构紊乱。

通知开头阐述了成立摄影小组的目的和意义，结尾对此进行了简单重复。这是结构紊乱的表现之一。

通知的主体，本应按照活动内容、活动方式、报名须知等几个方面，有层次有条理地组织结构。可是本文的结构没有条理，相当混乱，仅以第三自然段为例，就有四个不同方面的内容混淆在一起：报名条件、小组开展活动的时间安排、欲参加者的报名时间和地点、本文的传达和执行要求。

（3）违反有关政策，机构关系混乱。

这篇通知说参加摄影小组的人可获得"毕业证书"，显然违反政策。只有经过教育机构的相关课程的系统学习，并经考试合格之后，才能获得教育部门颁发的毕业证书，一个业余性质的活动小组，不应该有什么"毕业证书"之说。

活动时间的安排是每周二、四下午，这本是正常工作时间，小组成员却可以放下工作去参加业余文化活动，也是违反工作纪律的。

通知要求各党支部对本文件及时进行传达，部门关系明显是混乱的。办公厅是行政部门，不可指挥党基层组织，党支部的工作，应该由上级党委来安排。

（4）表达逻辑不清，语言词不达意。

第二段在说明学习内容时，对摄影的知识和技法概括得逻辑不清，十分混乱。关于拍摄技法和暗房技法，在概念上并没有分清，导致相互交叉、混杂。

语言词不达意的现象很多，如第二段末尾说参加摄影小组的人可以"成为祖国有用的人才"，难道参加之前就肯定不是有用人才，不参加者永远不能成为有用人才吗？这种荒唐的意思不会是作者原有的用意，而是作者运用语言的能力不足所造成的语意混乱。

【实训平台】

一、填空题

1. 通知，是_____同级或不相隶属机关公文，印发上级或本级机关有关公文，_____下级机关公文，_____上级机关指示，_____干部，_____法规和规章，以及要求下级机关办理、执行或周知事项的公文。
2. 通知的标题一般采用公文标题的常规写法，由_____+_____+_____组成。
3. 通知属于_____或平行文。

二、选择题

1. 通知具有如下特点：（   ）。
   A．功能的多样性　B．运用的广泛性　C．一定的指导性　D．较强的时效性
2. 以下说法正确的是：（   ）。
   A．通知的发文机关，几乎不受级别的限制。大到国家级的党政机关，小到基层的企事业单位，都可以发布通知。

B．向不相隶属机关发布周知性公文时可以使用通知这一文种。

C．通知的标题中如果出现需要转发或发布的文件名称，不用书名号。

D．如果主送机关不是一个，其先后顺序没有规定，可以随意排列。

3．转发性通知是：（　　）。

A．用于上级机关批转下级机关的公文，给所属人员，让他们周知或执行。

B．转发性通知用于转发上级机关和不相隶属的机关的公文给所属人员，让他们周知或执行。

C．用于上级机关指示下级机关如何开展工作。

D．用于处理日常工作中带事务性的事情。

三、判断题

1．对上级、下级、平级及不相隶属的机关都可以用通知行文。　　（　　）
2．批转和转发文件的通知，标题中可以不出现所转发的文件内容。（　　）
3．两个以上单位发通知，标题部分一般可以省略发文单位。　　　（　　）
4．德州市水电局将召开全市清查水库隐患工作会议，以通知行文通知各县、区水电部门提前作出工作准备。（　　）

四、分析题

阅读下面的文章，回答问题。

通知

根据《国务院关于修改〈全国年节及纪念日放假办法〉的决定》，现将2008年"五一"国际劳动节放假调休日期具体安排如下：

5月1日～3日放假，共3天。其中，5月1日为法定节假日，5月3日（星期六）为公休日，5月4日（星期日）公休日调至5月2日（星期五）。

在放假前，请大家将工作安排妥当，做好安全防护工作。祝大家节日愉快！

德州职业技术学院办公室

2008年4月29日

问题：

1．请用公文标题的常规写法，即"发文机关＋主要内容＋文种"的格式重新为本文撰写一个标题。

2．本文在格式上有无不妥之处，请指出并改正。

五、写作题

德州职业技术学院招生办公室定于2009年5月10日上午8:00在学术报告厅召开招生工作会议。要求副科级以上（包括副科级）干部及各系部分管学生工作的部门人员参加。会议议题为分析我院近年来的招生政策、今年的生源情况以及今年的招生事务安排等。请以此材料为招生办公室拟写一则会议通知。

任务五　礼仪为先话请柬

【任务描述】

创业大赛活动在紧锣密鼓的准备中，各系部筹委会准备邀请一些领导参加，想用一个礼貌周到的方法来通知他们，请设计一个请柬。

【任务目标】

一、知识目标

了解请柬文化，掌握一定的请柬设计的技巧。

二、能力目标

能从不同角度分析、评述和欣赏请柬；能设计制作一份别出心裁的请柬。

三、素质目标

通过欣赏和设计请柬，培养和提高学生的审美情趣，并使学生的创意和个性得以充分体现。

【任务实施】

1. 欣赏各种请柬，激发学生兴趣。
2. 请学生介绍自己收集或喜爱的请柬设计，积极肯定学生对请柬设计美感的认识与思考。
3. 分小组合作设计大赛请柬初稿。
4. 学生展示小组作品，说明创意，教师讲评。

【任务资讯】

一、请柬的概念

请柬又称为请帖，是人们在节日和各种红白喜事中请客用的一种简便邀请信。请柬是为邀请宾客参加某一活动时所使用的一种书面形式的通知。

请柬在社会交际中用途广泛，如会议、典礼、宴饮、晚会等活动，均可以使用请柬。所以请柬在款式和装帧设计上应美观、大方、精致，既可以表示对被邀请者的尊重，又可以表示邀请者对此事的郑重态度。

二、请柬的种类

1. 根据请柬的形式分类

（1）卡片式请柬。

卡片式请柬是用一张硬卡片，正面印上卡片名称（如生日卡片、宴会卡片）和美术图案，背面空白，用于书写邀请事项。卡片式请柬比较简朴，常用于一般的交际关系。

（2）折叠式请柬。

折叠式请柬是将卡片折叠起来，分为内外两部分。卡片外面是请柬的名称及精美图案，里面空白，用于书写邀请事项。比较讲究的请柬，在内里常另附一张写作用纸，并用丝带同封面系在一起。折叠式请柬显得更为郑重、精美，加上考究的装帧，更易于形成礼仪气氛。

折叠式请柬根据开启的方式不同，又可以分为左开式、右开式、下开式、镂空式等。

2. 根据请柬的书写形式分类

（1）竖式请柬。

由右向左纵向书写的请柬就是竖式请柬，这是传统的请柬形式，被称为中式。

（2）横式请柬。

横向书写的请柬就是横式请柬，模式请柬是随着中西文化的融合，人们横向阅读书写习惯的养成而逐渐增多的，被称为西式。

在日常交际中，可以根据交际活动的性质及交际对象的特点来选用不同的款式。

3. 根据请柬的内容分类

（1）喜庆请柬。

喜庆请柬是指用于婚嫁、寿庆、满月、开张、乔迁、庆典等庆祝活动的请柬。

（2）丧葬请柬。

丧葬请柬就是一种报丧请柬。它的制作以素雅为根本特征，一般为白纸黑字，即使做美术装饰，也必须采用同丧葬礼仪相协调的图案和颜色，一定要体现出庄严肃穆的气氛。

（3）日常应酬请柬。

日常应酬请柬是指用于除婚丧嫁娶、节庆礼仪之外的其他活动的请柬，例如社团聚会、学术交流、送别饯行、接风洗尘等活动，也常常需要发请柬邀请与会者到场。

三、请柬的特点

1. 告知性

发请柬的主要目的是要告知被邀请者有关情况，因此请柬中一定要准确写明相关活动的时间、地点、内容和要求等，不能出错或遗漏。

2. 郑重性

发请柬能表明对被邀请者的尊敬,也能表明邀请者的郑重态度,即使被邀请者近在咫尺,也须送请柬。凡属比较隆重的喜庆活动,邀请客人均以请柬为准。

3. 艺术性

请柬除了具有一般应用文的实用价值之外,也具有特殊的艺术价值。请柬是邀请客人用的,所以在装帧、款式设计上讲究艺术性。通常可以用书法、绘画、剪纸等来装饰请柬,一帧精美的请柬会使人感到亲切和愉快。

4. 及时性

请柬的发送时间要讲究,如果过早发送,被邀请者容易遗忘,如果过迟发送,被邀请者会来不及准备。

四、请柬的写作格式

请柬一般由标题、称呼、正文、结尾、落款五部分组成。

1. 标题

在封面上写"请柬"(请帖)二字,一般要做一些艺术加工,可用美术体的文字,文字的色彩可以烫金,可以有图案装饰等。需说明的是,通常请柬已按照书信格式印制好,发文者只需填写正文而已。封面也已直接印上了名称"请柬"或"请帖"字样。

2. 称呼

要顶格写出被邀请者(单位或个人)的名称或姓名。如"某某单位""某某先生"等。称呼后加上冒号。

如果是写给长辈,应注明称呼,然后写上其姓名,给领导或重要人员时应事先写上其姓名,然后注明其职位或尊称。

3. 正文

正文要写清活动内容,如开座谈会、联欢晚会、生日派对、国庆宴会、婚礼、寿诞等。写明时间、地点、方式。如果是请人看戏或其他表演还应将入场券附上。若有其他要求也需注明,如"请准备发言""请准备节目"等。

4. 结尾

要写上礼节性问候语或恭候语,如"此致－敬礼""顺致－崇高的敬意""敬请光临"等,在古代这叫做"具礼"。

5. 落款

落款处应署上邀请者(单位或个人)的名称和发柬日期。分两行写在右下方。

例文一

纪念德州职业技术学院建校五十周年请柬

张金刚同志:

为庆祝我校成立五十周年,特定于二〇〇八年十月十一日下午二时在我校礼堂举行庆祝大会,届时敬请光临。

顺致

敬礼

德州职业技术学院
二〇〇八年九月十日

例文评析：请柬用词谦恭，语言精炼、准确、庄重、得体。

例文二

展览会请柬

《中国山水画展》定于二〇〇八年八月十八日在××市工人文化宫西展厅举行预展。敬请光临指导。

展出：2008年8月19日～31日

上午：7时30分～11时30分

下午：2时30分～6时

中国美术家协会（盖章）
2008年6月20日

例文评析：

（1）请柬用词谦恭，充分表现出邀请者的热情与诚意。

（2）请柬语言精炼、准确，涉及到的时间、地点等因素交代清晰明了。

【知识拓展】

一、注意事项

（1）文字要美观，用词要谦恭，措辞要文雅、大方，要充分表现出邀请者的热情与诚意。

（2）在纸质、款式和装帧设计上，要注意艺术性，做到美观、大方。

（3）请柬文字要简洁明了，三言两语说明问题，不要重复和啰嗦。

二、请柬文化

1. 中华文化

结婚请柬在中国由来已久，形式有直有横，颜色多为大红色。内文撰写的方式到今日依然大致相同，有一套俗成的礼仪用字。较特别的是日期通常会印上两种日期，一种是农历日期，一种是公历日期。此外，有些家庭也会印上祖父母辈的姓名。

中国清朝的结婚请柬称为团书，是结婚时的周公六礼书之一，当男子向女方家订婚成功，就会印制团书告知众亲友。

2. 西洋文化

西方的结婚请柬多为横式，颜色以浅白色、浅粉红色为多，少有大红色的请柬。在请柬用字上，多为手写字体。在印刷方式上有浮雕压印、凸版印刷、热浮凸印刷、雕空字体等。

病文分析

×××同学：

　　兹定于2000年3月6日上午9时到校医院看望病重的××老师，届时请准时到校医院指导。

××班委
2000年3月4日

这篇请柬有以下几个方面的问题：

（1）参加人不是客人，不用发请柬。

（2）到医院看病人非隆重喜庆之事，不可发请柬。

（3）看医问药治疗事宜乃医生之事，"请准时到医院指导"，措词不妥，违背常理。

【实训平台】

一、填空题

1．请柬从书写形式上又分为横式写法和_____写法两种。_____写法从右边向左边纵向书写。

2．请柬在结尾要写上礼节性问候语或恭候语，如"此致—敬礼""顺致—崇高的敬意""敬请光临"等，在古代这叫做_____。

二、选择题

1．请柬的语言要热情、友好，讲究文明礼貌，但不可热情过分、带有媚态，而要求（　　）。

　　A．表达准确　　　B．事理结合　　　C．语气谦恭　　　D．有说服力

2．即使被邀请者近在咫尺，只要有必要，都可以郑重其事地发出请柬，以表示对被邀请者的敬重、礼貌和热情，以及对有关活动的郑重态度，因此请柬具有（　　）特点。

　　A．重要性　　　　B．繁琐性　　　　C．夸张性　　　　D．礼节性

三、写作题

德州皇明太阳能有限责任公司计划举办第四届世界太阳城大会。届时，将有全球300个城市代表团汇聚德州太阳谷，研讨低碳时代的城市新能源利用问题。皇明集团拟向德州海城电子有限责任公司发出一份邀请函。

时间：2010年9月16日

地点：德州市德城区经济开发区皇明大厦

请你代替德州皇明太阳能有限责任公司写一份请柬，发给德州海城电子有限责任公司。

项目三 创业篇

任务一 细致调查成报告

【任务描述】

创业大赛即将举行,德州职业技术学院各系部要求有意愿参赛的学生对自己的创业项目先进行调查,了解市场需求,写出一份调查报告。

【任务目标】

一、知识目标

1. 了解市场调查的作用、特点。
2. 掌握市场调查报告的写法和写作要求。

二、能力目标

1. 能够针对赛事的相关情况进行问卷设计与调查。
2. 能够对调查所得数据进行整理分析,写出市场调查报告。

三、素质目标

1. 通过学习小组的项目训练,培养学生的公平竞争、团队合作精神。

2. 通过师生、学生之间的交流，培养学生的独立开拓思维和人文关怀素质。

【任务实施】

1. 将全班同学分为三个调查组，每组选出组长、调查员、被调查人员。
2. 每组调查员汇总调查结果，上报组长，组长写出调查报告。
3. 各组分别宣读调查报告，师生共同评改调查报告。
4. 根据评改结果，小组成员共同修订完善调查报告并誊写在作业本上。

【任务资讯】

一、市场调查报告的概念

市场调查报告是运用科学的方法，有目的、有计划地通过对市场的供求情况和经济现象进行调查，对所得信息经过分析、研究和处理后而写成的关于市场现状的报告性文书。简称为市场调查。

二、市场调查报告的作用

市场调查是捕捉市场信息，认识市场规律，驾驭市场变化，促进现代化管理的重要手段。能为企业和政府了解市场提供帮助，对于企业生产适销对路的产品，改善经营管理，增强决策的科学性，提高企业的生存能力、适应能力和竞争能力，具有十分重要的作用。

三、市场调查报告的特点

1. 针对性

针对性是指市场调查报告的写作要有明确的目的性。针对性越强，其指导意义、参考价值、社会作用就越大。

2. 真实性

市场调查所调查的是市场某一方面问题的现状及趋势，调查信息必须能真实反映市场的现状及变化规律。

3. 时效性

市场调查报告要及时、迅速、准确地发现和反映市场的新情况、新问题。优秀的市场调查报告其建议一旦被采纳，便会产生较高的经济效益。

四、市场调查报告的种类

（1）按调查途径，可分为文案调查、实地调查和实验调查。

文案调查是从相关的历史资料或现有的文书、档案或统计、会计资料中查找所需的资料。

实地调查是调查人员深入到现场，面对调查对象，通过问、记、看，直接了解情况，搜集第一手资料。

实验调查是将某种新产品或某种服务"试销""试用""试营业",从中调查消费者的反应,总结经验教训,发现问题,分析原因,提出对策,调整方针。

(2)按调查范围分为全面调查和抽样调查。

(3)按调查时限分为一次性调查、经常性调查和跟踪调查。

(4)按调查方式分为口头调查、书面调查和观察调查。

五、市场调查报告写作格式

1. 标题

调查报告的标题写法较为灵活,常见的写法有:

单行标题可由调查对象、调查内容(范围)、文种构成,如:自行车在全球使用情况的调查。

也可直接揭示调查结论,如:网络游戏对青少年有强大的吸引力。

还可提出问题,如:山寨版手机为何如此热销?

双行标题一般由正、副两行标题构成,如:

家政服务业大有可为
——关于山东省家政服务市场的调查

2. 前言

这部分内容主要介绍调查的基本情况并提出问题,为主体部分的展开作铺垫和准备,使读者对全文有一个总的印象。写法上,有的交代调查目的、时间、地点、对象、范围、调查方法,并扼要点明作者的观点等。有的概括介绍调查背景、经过及调查结果。写法灵活多样,但不管采取哪种写法,导言须高度概括,简明扼要。

3. 主体

一般分为三个层次:

(1)基本情况。

将调查获得并经过归纳整理的资料、数据及图表等,运用叙述、说明的表达方式予以介绍,反映调查结果。

(2)分析及结论。

对调查得来的材料进行科学的分析研究,从分析中得出结论性意见。一般结论有几点,就设立几个段落,在每一段前面写上结论,后面是得出该结论的缘由即通过资料分析进行论证的过程。

(3)建议。

根据分析及结论,提出有针对性的对策或措施。

4. 结语

结语或概括全文的观点,写出总结式的意见;或说明调查中存在的问题;或预测可能遇到的风险等。这部分也可省略。现在许多市场调查报告中主体部分写完后就自然结束。

例文一
中国旅游服务市场调查报告

旅游已逐渐成为人们娱乐生活中不可缺少的一部分，人们除了能享受到旅游过程中的惬意与放松，其实更多的是对生活的体味。但随着旅游逐步深入生活，关于旅游的投诉也常见于报端。据最近的一次调查显示，五分之一的受访者对随团旅游表示不满意，不满意的原因主要来自导游和旅行社方面。对于没有随团出游的受访者，旅游费用以及旅行社的信誉仍是主要的影响因素。

该项调查由北京科思瑞智市场调查公司（chinacrc.com）于2000年2月底在北京实施，调查采用电话访问的方法，共完成有效问卷201份，调查对象为年龄在18~60岁之间，家中有电话的北京居民。调查结果可以推论北京有电话的居民。

● 随团旅游：不满意

旅游服务一直以纷争不断而出名，从调查显示的结果看，人们对随团旅游的评价的确不高。在有随团旅游经验的受访者中，有五分之一的人对其最近一次随团旅游表示不满意，而表示满意的只有三分之一，近一半的受访者表示服务一般。

导致受访者不满意的主要原因是"导游未尽职责"和旅行社"降低等级标准"。这两项的比例分别达到30.8%。其次是"擅自变更行程安排"，占23.1%；再次是"配套设施不完善"，占15.4%。

在整个旅游过程中，游客与旅行社的接触更多的在出游前期的报名环节。而在旅行途中，导游则很大成分上充当了旅行社的代表。游客对旅行社服务的不满意在得不到导游的妥善处理后，则很容易转化成对导游的不满。

科思瑞智的研究人员认为，旅游是一个服务行业，消费者花钱购买的是旅行社和导游提供的服务。对服务的满意度是保持回头客的关键所在。对于旅行社来说，其所提供的服务并非杀鸡取卵的短期利益行为，所带来的回报应是长期收益。随着世贸组织的加入，国外旅行社加入竞争，必然会使旅行社的客源结构发生变化。对于某些愿意尝新，或更加信任外国货的人来说，参加外国旅行社出游具有不小的诱惑力。国内旅行社可能会发现，他们所面临的最大的问题，就是服务质量的竞争。

● 费用和信誉：参团出游的主要障碍

受访者中，有7成的人没有随团出游过。其中，近一半的人是由于"没有时间"，而三分之一左右的受访者则是因为"费用较高"。还有7%的受访者表示不随团旅游是因为"对旅行社不信任"。从这一结果看，费用和旅行社的信誉问题是阻碍人们参团旅游的重要因素。

从交叉分析看，家庭收入越高，有随团旅游经历的人所占比例越大。在家庭月收入低于2000元时，90%左右的人没有随团旅游的经历，而在家庭月收入达到5000元以上时，则超过一半的人有随团出游的经历。看来，尽管对旅行社而言，价格的可调节余地不太大，但普通工薪阶层对旅游费用的可支持能力依然有限。或许在达到规模效益情况下，价格还可以适当调整，毕竟目前，降价仍是屡试不爽的刺激需求的看家法宝。但对于信誉问题，树立起良好的形象，扭转人们心中已形成的观念则非短时间内即可达到的，因为人们更愿意接受与自己观念相近的意见。

- 假期放飞，出游最宜

调查显示，消费者在选择何时出行方面越来越理智，有可能是吸取十一期间黄山惨案的教训。四成的受访者表示愿意在学生的寒暑假出游，两成的受访者会利用单位休假出游，依然希望在春节、五一、十一等节假日出游的受访者不到15%。

另有相关分析显示，不同年龄的消费者对出游时间的选择有显著差异。年龄在30~50岁之间，有50%的人会利用孩子的寒暑假带孩子出去旅游；而年龄在18~29岁的年轻人则更多的会在单位休假期间出游。

对于出游时间的选择因人而异。但可以看出，人们在出行时间安排上都注意避开节假日的高峰期，因而外出旅游的时间结构发生变动，学生的寒暑假将会是颇受青睐的旅游时期，这也提醒旅行社针对学生组织的旅行团可以成为旅行社经营的另一方向。

- 潜力巨大的自助旅游

就像自助餐一样，旅游也可以自助。但目前来看，了解自助旅游的人还不是很多，只有30%左右。与没有随团旅游经历的受访者相比，有经历的受访者的了解比例更高一些。但无论是否有随团旅游的经历，当受访者被询问是否希望尝试旅游自助时，一半左右的人表示希望。

相关分析显示，年轻人更愿意尝试自助旅游，随年龄的增加，希望尝试的比例逐步降低。这种差异还表现在家庭收入的差异上：家庭月收入在2000元以上，超过半数的受访者希望尝试，而家庭月收入2000元以下，则只有近三分之一的人希望尝试。

传统的随团旅游，衣食住行不用自己操心，但代价是失去了自由；自己出行有了随意安排的自由，但凡事都需自己操办，难免玩得尽兴。自助旅游似乎实现了两者的结合，取长补短。而调查结果也说明这种新型旅游方式潜力巨大，这是否意味着在自助旅游市场上，另一场战争又要开始了呢？

交叉分析显示希望尝试旅游自助的人有44%将选择寒暑假出行，25%的人选择单位休假期间。研究人员认为，考虑自助旅游的主要消费群是学生，因此开发寒暑假档期的自助旅游更具可行性。

- 旅游服务的市场细分

科思瑞智的综合分析显示，如果不包括单位组织的开会、疗养等团队，个人旅游市场的消费群可以根据其生活形态划分为以下几个群体：

一是"高级灰"，主要由城市中的白领阶层和管理者构成，在周末他们一般选择城市周边游，交通方式以自己备车或租车为主，几个亲朋好友找个有山有水的地方吃、住、玩，目的是换个环境、换个心情。要求环境卫生、安静，对于娱乐设施并不注重，也不在意风景名胜。人均消费一般在300元以内。国内游基本是在个人休假期间，他们大多有一个旅游计划，只要时间允许，一般半年或三个月会参团或自助旅游一次。他们一般对于服务价格并不十分敏感，但对服务质量要求较高。他们也是个人出境游的主要消费者。

二是"探险者"，主要由富冒险精神的学生和年轻人构成，他们的收入有高有低，但酷爱大自然，喜欢行走露宿于荒山野岭之间，向往西藏、新疆等富传奇色彩的地区。他们充满活力，旅游知识和经验极为丰富，是身边很多人的旅游导师。自助旅游和连锁式的学生旅馆是他们的最爱。事实上，绝大多数的学生出游都属于此类。

三是"拍照留念者"，主要由新婚夫妇、年轻伴侣组成。他们的旅游目的非常明确，即风景名胜，倾向于哪儿人多就去哪儿。作为纪念日的象征，拍照是必不可少的，为此经常穿着高跟鞋和旗袍跋山涉水。他们基本选择国内参团游，对价格和服务都比较敏感，旅游过程中购物也是一大主题。

四是"合家欢"，基本都是全家集体行动，一方面体现对老人的孝心，另一方面可以给孩子开阔眼界。这一群体跟团的不多，基本都是自己安排住宿和交通，而且倾向于借宿亲友家。其消费能力取决于家庭总收入，但传统上的"穷家富路"的观念使其在旅游景区配套服务的消费总量上相当可观。如果旅游社能够给予这种合家欢型的出游者以有竞争力的价格和周到的服务，则这一市场潜力非常巨大。

针对此项研究结果，科思瑞智的策略研究员张弛先生指出，剧烈的社会经济变革中，人们的生活方式和观念发生了很大变化，人们从寄希望于未来和下一代转变为更加关注自身的生活体验。一方面，在基本的生活需求得到满足后，旅游作为提升生活品质的重要消费被越来越多的人认同；另一方面，中国人传统上即把"游历名山大川"作为提高个人修养的一种方式，因此旅游被很多家长作为子女培养过程中的一种必要投资。从过去的"单位组织旅游"到越来越个性化的消费选择，尽管在放长假期间的特定时段旅游服务呈现了供不应求的局面，但旅游服务的供应商（包括旅行社、风景区乃至配套服务机构）正面临如何满足不同消费者的需要以扩大市场的紧迫问题。认真研究不同消费群的旅游需求，明确自身的目标市场和服务定位，集中有限的资源在细分市场上，根据顾客需要进行旅游服务的组合设计，借助口碑竖立自己的品牌，当是国内旅游服务供应商面对WTO，未雨绸缪之良策。

例文评析：这是一份关于旅游服务市场的调查报告。标题由调查范围、调查对象加文种组成，前言中对调查背景、调查对象、调查方式做了简单的介绍，为下文作铺垫。正文介绍了旅游服务市场中存在的各种问题及巨大的潜在市场。最后，根据调查得出结论，指出当前国内旅游服务业的发展方向。本文是一篇结构完整的调查报告，观点材料紧密结合，观点鲜明，有理有据，结论合情合理，水到渠成，令人信服。

例文二

关于大学生消费的调查报告

德州职业技术学院是普通高等职业学院，学生众多、消费集中，有较广阔的消费市场。我就所见所闻对大学生的消费观、消费市场、消费不当等问题做了一个调查报告。

一、消费观念的变化

张鹏飞，经管系金融专业学生，月消费1000元以上。他吃饭不进食堂，买衣要去步行街，每星期还要去娱乐场所逛逛，光是抽烟每天不下10元，每逢"节日"还要到餐馆请客吃饭。

由此可以看出当代部分大学生消费观念发生了变化,把"粗茶淡饭""节衣缩食"的传统美德认为是一种落伍,更多的大学生开始注重"吃要讲场面,穿要讲名牌,玩要讲潮流,用要讲高档"。在此,我觉得产生这一现象的原因是有一部分家庭已经完全进入小康水平,但我们国家人口多、农民多的现实不能忽视。小部分大学生的高消费刺激了一些学生消费观念的转变,他们开始超前消费,开始攀比成风,开始讲究排场等。

二、消费市场的景象

1. 饮食消费:大学生对饮食越来越讲究,营养快餐也应运而生,随之而来的校园饮食消费也与日俱增。自助餐、特色菜、珍珠奶茶、超市熟食都成为大学生钟情的食品。

2. 娱乐消费:校园外网吧、歌厅生意兴隆,尤其是放假期间门庭若市。除部分大学生有自己的电脑外,多数学生会去网吧,有的是查资料、看新闻,但更多的是看电影、玩网络游戏。歌厅生意也是红红火火,同学聚会、联谊等活动都选择歌厅,很多人说到:"反正钱是大家出,又有情调,钱花得值,我们玩得也开心……"

3. 市场估测:校园市场是发展前景乐观的消费市场。校园消费有人口集中、商品消费结构较简单、大学生讲信誉、不斤斤计较、容易接受商品价格等优势,只要商家控制价格的波动,控制品牌,一定会取得丰厚利润。

三、消费不当

通过观察与调查,大学生赤字消费比较严重。一是由于校园消费方便适当,消费者容易接受,久而久之出现赤字;二是由于校园消费攀比现象严重,学生都讲究档次,容易超前消费。我觉得校园消费使大学生入不敷出,是大学生对物质消费和精神消费的盲目性、轻视读书学习、注重娱乐消遣的不当观念造成的。

四、倡议

在大学生群体中买书买报的少、买衣服化妆品的多,这种现象令人担忧。消费不当,直接影响大学生的学习和健康成长。因此,结合对大学生爱国主义教育,弘扬中华民族传统美德,鼓励和引导大学生多读书、读好书、了解消费市场、正当消费,是大学生教育的重要部分,应当受到社会与学校领导的关注。

例文评析: 这篇消费情况调查报告。标题由调查范围、调查对象和文种构成,前言概写调查的范围、内容和调查对象。主体部分写对调查情况的分析和结论。本文观点与材料紧密结合。本文没有专门的结尾,而是在主体部分论述中自然结束。文章语言简洁,观点鲜明,有理有据论证充分。

【知识拓展】

一、注意事项

(1)真实可信。要实事求是,尊重客观事实。写作市场调查报告一定要从实际出发,实事求是地反映出市场的真实情况,要用真实、可靠、典型的材料反映市场的本来面貌。

(2)方法科学。分析处理资料信息的方法要科学,必要时要运用数学、经济学的原理和方法进行处理。

（3）中心突出。要突出中心，突出重点。语言要严谨、简明、通俗。

二、企业市场调查的内容

（1）市场基本环境。主要包括政治、经济、法律、社会文化、科学技术、地理条件等环境。其中对市场有直接影响的内容有资源状况、交通运输条件、经济增长状况、产业结构、失业率等。

（2）市场需求。市场需求的三个决定性因素是：消费群的基本情况、购买力水平、购买动机。

（3）市场供给。市场供给主要指两个方面：一是整个市场的货源状况；二是本企业的供应能力和供应范围。

（4）市场营销。一是调查竞争对手的营销状况；二是本企业的营销状况。

三、市场调查的常用方法

1. 普查（也称全面调查）

普查一般只适用于品种简单、使用范围有限的商品或投入市场试销、试用的新产品。

2. 抽样调查

这种方法的使用十分广泛，它是一种通过了解部分而掌握整体状况的比较可靠的方法。使用这种方法的关键在于准确地选择有代表性的调查对象，以确保调查结果的可靠性。

3. 现场调查法

通过个人访问、开座谈会、电话询问等直接观察，记录调查对象的行为和言词，了解购买意向、对商品的意见。运用现场调查法需预先准备好要询问的问题，设计好问卷。

4. 间接调查

利用有关部门积累的资料、数据，来分析、推测市场有关状况的调查方法。

5. 实验调查法

实验调查法多用于试行销售的方式，如试销会、展销会、订货会、博览会等。

【实训平台】

一、填空题

1. 市场调查方法有_____、_____、_____、间接调查、实验调查。
2. 市场调查报告的特点是_____。
3. 市场调查报告是运用科学的方法，有目的、有计划地通过_____调查，对所得信息经过分析、研究和处理后而写成的关于_____文书，简称为_____。

二、选择题

1. 德州百货大楼准备新上麦当劳经营项目，他们通过分析德州消协对德州饮食业的统计资料，得出了可行的结论。这种调查方式属于（   ）。
   A．实验调查法　　　　　　　　B．直接调查法
   C．间接调查　　　　　　　　　D．抽样调查
2. 下列哪一项不属于企业市场调查的内容（   ）。
   A．市场需求　　　　　　　　　B．市场供给
   C．市场营销　　　　　　　　　D．员工性格
3. "笔记本电脑在全球使用情况的调查"这个标题中不包括（   ）。
   A．调查对象　　　　　　　　　B．调查范围
   C．文种　　　　　　　　　　　D．调查结论

三、判断题

1. 市场调查报告按照调查范围可分为全面调查和一次性调查。　　（   ）
2. 市场调查报告必须直接调查。　　　　　　　　　　　　　　　（   ）
3. 市场调查报告的标题可有可无。　　　　　　　　　　　　　　（   ）

四、病文分析

随着我国第三次人口生育高峰的到来，作为服装市场组成之一的童装市场已成为企业一个新的竞争焦点。文章分析了国内童装市场现存的一些弊端，并对童装市场的发展趋势进行展望，以期能为童装企业正确进行品牌定位、选择、细分市场等提供一些参考。

据最新的人口统计资料显示，目前我国 14 岁以下的儿童人数占全国人口的 25.4%，同时每年新增的婴儿数约为 2000 多万，再加上儿童生长发育的速度快，因而每个儿童每年对于服装都会有新的需求，由此可见，我国童装的市场潜力是多么惊人。但是，在我国的整个童装行业中，童装市场与日益扩大的消费需求还不能很好地融合，童装市场还存在一些弊端。主要表现在以下几方面：

1. 童装设计水平比较低。童装根据儿童的年龄变化应该有婴儿服、幼童服、小童服、中童服和大童服五种类别。然而目前我国童装市场的产品结构还不够合理，市场上销售的幼童服及小童服居多，而婴儿服、中童服、大童服则偏少，尤其大童服装更是严重缺少。笔者去年曾对上海市的童装品牌做过调研，调研结果也说明了同样的问题。

《服装行业 2004 年报告》已指出，我国 10～14 岁人口占全部 14 岁以下人口的 44%，童装需求量占全部童装需求量的 48%。由此可见，大童服的市场需求量大。

根据消费人群的不同，服装的价位可分为低、中、高三档。目前我国童装价位的总体特点是两极分化，低档次的和高价位的童装不难买到，而中等价位的款式新颖、性价比高

的童装则较少。但在上海调研时，很多接受调查的家长表示，孩子身体发育变化快，买的服装不可能穿很久，故没有必要去买高价位的服装，而低价位的服装质量、款式等又不尽如人意，所以还是想要中等价位的。

以上两点说明我国的童装生产商对目标市场的真实需求情况关注不够，致使童装产品结构不合理。

2. 童装的产品结构不合理。法国莎娃设计中心设计师刘莎说，缺乏专业设计人才，整体设计水平有待提高，是形成目前童装市场现状的主要原因。据了解，目前我国专职童装设计师数量非常有限，很多设计师主要以成人服装设计为主，对于童装只投入极少的精力。

童装市场成功的关键在于设计和市场营销能力。而目前我国童装业在设计和布局上，相对处于初级阶段，童装设计主要停留在模仿国外同类产品的色彩、款式的表面水平上，对于国外童装的设计理念、营销模式等的学习却不重视，因此许多新生品牌由于企业实力及营销策略等原因，难以得到很好地发展。还有国外每年至少发布两次童装流行趋势，有专业童装书刊和著名童装设计师，而我国几乎没有专业童装的研究机构，更缺少专业技术人员研究发布童装流行款式。

这些造成我国目前童装设计质量较为低下，服装尺码与同龄儿童的身材差距大，服装款式成人化，"千牌一面"等现象，真正形成品牌文化与设计风格的童装可以说是罕见。

据调查，现今的孩子对于服装款式的时尚化、个性化已经很敏感，超过80%的家长都愿意让孩子参与服装的购买，孩子对父母购买童装的决策有很高影响。所以设计上的"千牌一面"与"时尚、个性"相撞的结果就是供不符求，对供需方都产生影响，也给国外童装品牌更多的市场空间。

3. 国产童装品牌缺乏竞争力。中国服装协会副秘书长王茁表示：设计理念陈旧、品牌文化缺失、市场定位偏差的通病已经成为限制童装市场发展的瓶颈，品牌细分将成为中国童装市场走出"小市场"的重要途径。

业内人士指出，我国拥有数量庞大的少年儿童消费群体，品牌童装专业生产企业不到200家，为儿童设计服装的名师更是屈指可数。我国多数童装企业责任心不强，市场竞争混乱，品牌良莠不齐。

目前我国童装市场总体消费特点表现为：市场需求量大，但新生品牌难以满足市场对其品牌的要求，许多企业往往把赚钱放在第一位，对品牌的建设根本没有意识到。例如浙江湖州的织里镇，注册的童装企业就近5000家，但是大部分的生产厂家重短期利益，轻品牌建设，生产的产品以中低档为主，主要集中在批发市场销售，相对于外国童装品牌，其产品就缺乏品牌竞争力。据统计，现在国内童装市场进口品牌已经占据50%的市场份额，而国内童装生产企业，70%处于无品牌竞争状态，有品牌的童装也只占市场份额的30%。从市场销售成绩来看，海外以及合资童装品牌在各大商场中都获得良好的业绩。

以上就是我对童装市场的一点建议。

五、写作题

1. 思考：需要为下一个要进行的任务——"创业打算有计划"做一些什么准备？
2. 针对大学生网络使用情况，拟定调查问卷。对调查所得数据进行统计整理，讨论分析后写出调查报告。

任务二　创业打算有计划

【任务描述】

为保证参赛项目的顺利开展，德州职业技术学院要求学生根据创业项目写出一份创业计划书。

【任务目标】

一、知识目标

了解计划的概念、特点、作用、分类并掌握其写作格式及注意事项。

二、能力目标

能分析并应用各种类型的计划并能熟练写出格式规范的计划。

三、素质目标

注重培养人文素养，有意识地提高自己的政策水平、思想水平和业务水平，同时注重语言文字表达能力的培养。

【任务实施】

1. 以小组为单位，思考、查阅资料分析讨论课本中计划的概念、写作内容等，进行例文分析。
2. 学生模拟办文情境再现，以课本例文为模板，根据以上材料为这次训练制定一份计划书，各组派代表上台朗读草拟的计划文稿，各组互相评议，即时纠正修改错漏。
3. 教师释疑解错，归纳提升总结。
4. 学生根据分析进行修改。

【任务资讯】

一、计划的涵义

计划是一种应用范围广泛、使用频率较高的应用文体。计划，实践中也称安排意见、工作要点或者规划，是国家机关、企事业单位、社会团体预先对今后一定时间内的工作、活动预先作出安排的一种事务性文书。

计划是建立正常工作秩序、做好工作的前提，是领导指导、检查工作并进行监督的依据。计划可以使机关单位的各项工作有所遵循，避免盲目性。同时也可以使群众明确下一步工作、学习的目标，增强自觉性和主动性，充分发挥主观能动作用。

二、计划的特点

计划是事先行为，有如下特点：

1. 针对性

计划是根据党和国家的方针、政策精神和有关法律、法规，针对本系统、本机关、本单位，本部门的实际情况制定的。不从实际出发所制定的计划，是毫无价值的计划。

2. 预见性

预见性是计划的本质特点。计划是在行动之前制定的，它以实现今后的目标，完成下一步工作和学习任务为目的。它是在总结过去的成绩和问题，分析目前的工作实际，预测今后发展趋势的基础上制定的。对客观现实准确的认识和科学的预测是增强计划预见性的保证。

3. 可行性

可行性是计划能够实施的保证。计划如果没有预见性，那就失去了制定它的意义；而如果计划没有可行性，那么所谓计划，就如同一纸空文，没有任何用处。所以计划所提出的目标和任务、方法和步骤、要求和措施等，应当是可靠的和切实可行的，这就从客观上保证了计划的实施。

4. 约束性

计划一经通过、批准，在它所涉及的范围内，就有了一定的约束性，机关、单位、部门、个人在工作中必须按要求予以贯彻执行，不得随意变更，更不能不予实施。

三、计划的作用

无论是单位还是个人，无论办什么事情，事先都应有个打算和安排。有了计划，工作就有了明确的目标和具体的步骤，就可以协调大家的行动，增强工作的主动性，减少盲目性，使工作有条不紊地进行。同时，计划本身又是对工作进度和质量的考核标准，对大家有较强的约束和督促作用。具体来说计划作用体现在以下几个方面：

1. 具有指导作用

一份好的计划，可以使工作、学习减少盲目性；周密的计划用以指导工作实践，可以避免许多人力、物力和财力的浪费。其指导作用是很明显的。

2. 具有推动作用

计划是提高工作效率，取得经济效益的重要途径。制定计划使人们有了奋斗的目标、行动的方向，积极主动地工作，从而克服盲目性和被动性，推动工作向着预定的目标前进。

3. 具有保证作用

计划是实现科学管理，预防失误的重要手段。通过计划，根据客观实际和主观因素预先估计工作中可能出现的困难、问题，制定出相应的措施、办法，使工作有条不紊地进行，保质保量完成工作。

4. 具有督促作用

计划是检查和总结工作的主要依据。依据计划检查工作的进展情况、完成情况，根据实际情况适时加以调整。计划同时为总结提供依据，按照计划规定的指标，总结工作的完成情况。

四、计划的分类

（1）按内容划分，计划可分为生产计划、工作计划、教学计划、科研计划、学习计划、宣传计划、文体活动计划等。

（2）按范围划分，计划可分为全国计划、全省计划、全市计划、全厂计划、科室计划、工段班组计划、个人计划等。

（3）按时间划分，计划可分为长期计划、中期计划、短期计划等。

（4）按性质划分，有综合性计划和专题性计划。

（5）按形式划分，有条文式计划、表格式计划、条文和表格配合使用的计划等。

（6）按作用划分，还可分为指令性计划和指导性计划等。

（7）按名称划分，在实践中，计划有许多名称，如："安排""要点""设想""方案""规划""打算"等。

五、计划的写作格式

计划通常是由标题、正文、和落款几个部分构成的。

1. 标题

一般包括单位名称、时间界限、事由和文种组成。如《宏大集团公司 2010 年政治理论学习安排》，有的省去单位名称，如《2010 年生产计划》；有的省去时间项，如《宏大集团公司党员轮训工作安排》；有的由事由和文种构成，如《业务考核计划》；有的甚至只写文种，如《计划》。

2. 正文

正文一般包括前言、主体、结语三部分，包括基本情况、目的与要求、步骤与做法等几方面内容：

（1）前言。

前言主要是阐述依据，概述情况，或直述目的，主要说明"为什么做"或"能不能做"，要写得简明扼要。

（2）主体。

主体即计划的核心内容，阐述目标和任务、措施和办法、步骤和时限。

1）目标和任务：这部分写明所要达到的目标指标和具体要求，包括数量和质量上的要求等。也就是说明"做什么""做到什么程度"的问题。一般分条叙述，目标明确，任务具体。

2）措施和办法：这就是完成任务的保证。详细说明应做的具体工作、采取的措施，运用的方法，人力、物力、财力的分配问题等，也就是说明"怎么做"的问题，这部分要明确、具体、可行、得力。

3）步骤和时限：这部分应明确工作的先后顺序，先做什么，后做什么，分几个步骤去做，在规定的时间内完成，也就是说明"什么时候做""什么时候完成"的问题，要求主次分明，重点突出，安排合理有序。

主体部分的结构有两种形式：一是任务和措施的并列式结构，即每一项任务都有具体的相应的措施支持；二是任务和措施的分说式结构，在写作中先提出若干任务后，再叙述具体的措施，即这些任务需要的共同措施来完成。

（3）结语。

一般包括应注意的事项，要说明的问题，提出希望、发出号召或表明信心、态度，也可不写，在主体部分结尾。

3. 落款

落款写出制定计划单位、制定日期，如标题中已写明单位名称，落款则不用署名。

例文一

个人学习计划

为了响应党中央打造"学习型社会"的要求，也为了不断更新自己的知识层次，满足教育、教学的需要，与时俱进，努力提高自己的综合素质，更好地服务学生、服务教学、服务社会，做先进文化的传播者，社会道德的引领者，特制定学习计划如下：

一、学习目标

两年内自学完中文本科课程和教育理论、学校管理等内容。

二、学习时间

1. 周一至周五，每天晚上 7:30~9:00 学习一个半小时。

2. 周六、周日，学习六个小时。

3. 寒、暑假，利用每天上午学习 3~4 个小时。

4. 每周利用"中央电大在线网""自考网"等网络资源，上网学习 2 个小时。

5. 每天用半小时到一小时的时间阅读当天报纸、杂志，了解国内外的重大新闻、政策形势，提高自己的政策理论水平。

三、学习内容

1. 政治理论。系统学习马列主义、毛泽东思想、邓小平理论和"三个代表"重要思想及其一系列重要论述，深刻领会其精神实质，用先进的理论指导教育工作实践。

2. 专业知识。《中国古代文学专题1、2》《中国现当代文学专题1、2》《美学专题》《英语》《现代教育思想》《外国文学专题》等。

3. 法律知识。系统学习《教育法》《教师法》《未成年人保护法》《义务教育法》等法律、法规知识，提高自己的法制意识，依法治校。

四、学习形式

自学为主，函授为辅，遇到疑难问题上网查资料、讨论。

五、学习进度

1. 2005年9月至2006年元月学习《诗经与楚词》《唐诗宋词》《现代教育思想》《语言学概论》。

2. 2006年2月至2006年8月学习《开放英语》《外国文学专题》《美学专题》《语法研究》。

六、学习措施

1. 每周坚持上网学习 2 个小时以上，及时解决学习中遇到的困难。

2. 制订学习时间表，张贴在办公室和家中，让同事和家人见证、监督自己的学习。

3. 利用周六、周日到电大听课。

4. 定期完成电大布置的作业。

5. 每年保证 1000~2000 元的学习资金。

七、学习原则

1. 循序渐进，持之以恒，不能"三天打鱼两天晒网"。

2. 统筹兼顾，科学安排。处理好学习与工作的关系，做到学习与工作有机统一，努力使学习工作化，工作学习化。

3. 融会贯通，学以致用。通过不断学习业务知识来提高干部的业务水平，通过不断实践来丰富工作经验，把知识和经验的积累升华为思维模式的更新，进而转化为工作创新的源泉和动力。通过学习，有效解决在组织工作中存在的问题，真正使思想有明显提高，作风有明显转变，工作有明显推进。

4. 学习和实践相结合。用学习来提高实践能力，用实践来验证学习效果。

李佳仪
二〇〇五年十月

例文评析： 该文是一份个人学习计划。标题由单位名称、时限、内容要点和文种名称几个要素构成。正文的前言部分说明了开展此项工作的依据和目的；在主体的第一部分，写出了明确的学习目标。在主体的第二、三、四、五、六部分，通称为"步骤与做法"部分，以序码加小标题和分条列项的形式，非常具体地写明了实施并完成计划所要采取的步骤、方法和措施，回答了"怎么做"的问题。主体的最后，还进一步写明了学习的原则。本计划非常完善，安排适当，内容具体，条理清楚。这样的计划，才能很好地执行，执行时才有约束力。

例文二

德州职业学院学习部 2007~2008 学年第一学期工作计划

新学期即将拉开帷幕，为了配合学院关于提倡"校园文化"这一主题，开展丰富多彩的学习活动，我部门对 2007~2008 学年第一学期的工作计划如下：

一、目标与任务

1. 本部门将在大力配合学院学习部的各项工作之外，也将秉承一贯宗旨对本部门的工作加以改进及创新。

2. 通过举办形式多样的学习活动，充分调动同学们的学习热情，提高同学们的学习质量，为大家营造一个良好的学习氛围。

3. 继续办好我系系刊《春雨》，分小组轮流出版，共三期。

二、办法与措施

1. 在新生军训期间，做好招收新干事的准备，吸收新干事共 10 名。

2. 开学两周后，组织我部门全体成员外出活动一次，以增强团队的凝聚力。

3. 举办两项大型活动，分别是"晒书"活动及"诗、词、歌、赋大拼盘"。

4. 继续聘请辅导老师，日常工作辅导老师一名，具体活动时辅导老师另聘。

5. 争取系团委、学生会的支持，多方筹集经费，为举办活动创造条件。

6. 学期结束，评选出优秀干事两名。

三、大型活动时限与步骤

1. 晒书时间定于 2007 年 10 月 17 日（星期三）中午 12:30~15:30。12:30~13:45 为图书交换、交流读书体会；14:00~15:30 我们将邀请老师为我们提供有关学习的讲座。晒书活动的场地安排为：不下雨则在操场举行；下雨则在四楼舞厅进行。负责人：系学习部部长、副部长、部长助理及相关干事。

2. "诗、词、歌、赋大拼盘"举办时间为 11 月 28 日（星期三）下午 13:30~15:15 的复赛及 12 月 12 日（星期三）下午 13:30~15:15 的决赛。主要的活动形式是对对联、填词、填诗、对上下句等。我们将聘请老师作为指导老师并在现场担任评委。每班派出一支参赛队参赛。设一、二、三等奖及优秀参与奖。

学习部部长：董华
2007 年 8 月 20 日

例文评析：这是一份学生会学习部的学期工作计划，是贴近学生实际的计划。从计划中可看出学习部的工作头绪很多，但此计划以序码加小标题和分条列项的形式，交代得非常具体，条理清楚。标题由单位名称、时限、内容要点和文种名称几个要素构成，据此可以看出这是哪个单位就哪项工作做出的安排。正文的前言部分说明开展此项工作的依据和目的；在主体的第一部分，即"工作目标"部分提出了明确的工作目标。主体的第二、三部分"具体措施"部分，以序码加小标题和分条列项的形式，非常具体地写明了实施并完成计划所要采取的步骤、方法和措施，回答了"怎么做"的问题。

例文三

文化路果品批发市场五月份营销计划

储仓位	品种	进货量（吨）	销售总额（万元）	人均利润（万元）	人力安排
1 号	苹果	150	90	3.0	3
2 号	香蕉	180	72	2.5	3
3 号	橙子	70	22	1.5	2
4 号	葡萄	50	40	1.8	2
5 号	枇杷	30	30	3.0	2
6 号	西瓜	100	40	2.3	4

例文评析：该文是表格式计划，简洁明了，一般适用于销售计划。但这个计划体现不出措施和步骤。

例文四

××市××区 2014 年春季全民义务植树造林计划（草案）
（来自网络）

根据全国人民代表大会通过的《关于开展全民义务植树运动的决议》和市政府《关于立即动员群众开展义务造林活动的通知》，我区准备于 1990 年春季开展大规模的全民义务植树造林活动，希望我区广大人民群众立即行动起来，积极响应党和政府的号召，人人争当义务植树的好公民，个个为绿化祖国贡献力量。

一、任务和要求

1. 我区今年春季计划造林×××亩，植树×××株。要求每人平均 3~5 株，栽下后要有人管理，保证成活。植树宜在路边、沟旁、荒山坡进行。具体植树造林地点由区绿化办公室布置。植树要在植树节（3 月 12 日）前基本完成。

2. 成立区全民义务植树造林指挥部，以协调和指导全区义务植树造林活动。

3. 今春植树造林活动要求如下：

（1）各机关、团体的领导要带头，并指定专人负责此项工作。

（2）区绿化办公室具体负责此项活动，划定各机关、团体负责植树造林的地区或地段，分片包干。

（3）区属各苗圃要及时做好挖苗备运工作和树苗的供应工作。

（4）定3月4日为全民义务植树造林宣传日，区绿化办公室要会同区市容办公室、区园林局做好宣传日的布置工作。

二、方法和措施

1. 于二月下旬召开一次植树造林会议，本区各机关、团体、学校、工厂的有关负责人及街道、乡的有关负责人参加。重点研究植树造林的各项准备工作，采取必要措施予以落实。

2. 加强各单位、各部门植树造林的领导工作、认真解决各单位存在的问题。

3. 抽调××名区干部由区绿化办公室统一安排到植树造林第一线做具体工作，直至今春植树造林活动结束。

××市××区人民政府
二〇一四年一月十三日

【知识拓展】

一、写作计划注意的事项

计划是未来实践的体现，它一般是在总结过去和预见未来的基础上编制出来的。因此要能编制出一份科学的计划，就需要计划的编制者首先要有较高的政策水平、思想水平和业务水平，同时还必须具备较高的语言文字的表达能力。为了使计划制定得合理和优化，必须注意以下几个方面：

1. 要坚持实事求是的指导思想

编制计划的目的是为了指导实践，只有以科学求实的态度指导计划的编制，才能把计划更切合实际，更便于贯彻执行。

2. 要认真调查研究做好预测

计划具有预测性。要认真做好调查研究，全面了解掌握现实情况和未来可能发生的各种情况。除了要掌握自身的现实和未来，同时还要注意与自身实践有关的所有因素的现状和未来的发展趋势。比如，本单位的具体条件，如动力和阻力以及潜在的动力和阻力，本单位以外的各方面情况，如上级的方针、政策、总任务、总目标对下级的要求和制约，社会环境和自然环境的发展变化等各方面的因素的影响等。为了做好调查和预测，不仅要查阅有关资料，还要虚心请教，走群众路线。在广泛收集资料、深入分析预测对象的上下内外各方面因素的基础上，做出多种方案，通过比较选择，最后确定最佳方案，使计划达到优化。

3. 计划要具体化和整体化

计划要更好地发挥其对实践的指导作用，计划的各项内容必须具体明确、切实可行。如一份计划的目标要明确、具体，有的还要体现在一定数量和质量指标上。有了数量和质量指标，目标才能成为指导计划执行者的具体的行动纲领。计划的其他内容，如措施、步骤等，也要明确具体，以利于计划的执行和检查。

计划的内容还要整体化。就是要把计划的各个部分有机地统一起来。要对计划的目标、任务、措施等进行全面考虑，要与实际情况相符，要能相互配套，使内容具体而且完整。只有具体而完整，才能使计划顺利地付诸实施。

4. 注意检查修改和补充完善

由于计划带有预见性，而预见总是受很多种因素制约和影响的，因此预见难免存在一些偏差。即使当时的预见是正确的，但计划编制出来之后，某个客观因素又发生了变化。所以在计划执行过程中要及时地对计划的执行情况进行检查，有时还要做必要的修改和补充，使计划更加完善。

【实训平台】

一、填空题

1．一份完整的计划一般由_____、_____、_____三部分构成。
2．计划是计划类文书的统称。常见的_____、_____、_____、_____、_____、_____等都属于它的范畴。

二、选择题

1．制定计划要在深入细致调查研究的基础上进行，确定的目标、措施应该是经过努力就能做到的，因此，计划应具有（　　）特点。

  A．预见性   B．导向性
  C．可行性   D．主观性

2．"凡事预则立，不预则废"讲的是（　　）的作用。

  A．计划   B．总结
  C．规章制度   D．通知

3．集体或个人对一定时期内的任务预先设想、部署、安排的应用文是（　　）。

  A．总结   B．请示
  C．计划   D．申请

4．计划正文包括前言、主体和结尾，其中主体部分要写清的内容是（　　）。

  A．前言、目标、措施
  B．计划的任务、目标、要求、措施、步骤

C．采取的措施、步骤

D．依据、目的、任务、目标

5．下面哪一个要素不是计划必须具备的要素（　　）。

A．目标　　　　　　　　　　B．措施

C．步骤　　　　　　　　　　D．范围

6．由于内容不同，计划可用不同名称，偏重政策指导性，一般是领导机关对下级布置工作，贯彻传达有关政策和领导意图，属于纲要式的计划一般使用的名称是（　　）。

A．打算、设想　　　　　　　B．安排、方案

C．意见、要点　　　　　　　D．规划、计划

三、判断题

1．制定计划是一种科学的工作和学习方法。（　　）

2．一般来说，规划是带有全局性的、长远性的和方向性的计划。（　　）

3．计划除了有明确的目标，还必须指出为完成目标所采取的措施步骤，且措施要切实可行。（　　）

4．计划主要是靠制定者独立思考、发挥想象、反复推敲制定出来的。（　　）

5．计划的主体内容概括起来是做什么、怎么做、要做到什么程度。（　　）

6．计划一经制定就成为该时期或该方面工作的指导和依据，所以不能做任何调整和改动。（　　）

7．"任务要求"是计划正文的主要内容之一，主要解决"怎么做"的问题。（　　）

四、病文评改

病文一

××中学新苗文学社计划

为全面贯彻教育方针，落实学校关于大力开展课外学科小组活动的意见，我社制定活动计划如下。

1．本学期举办文学作品欣赏两次，写作技法讲座两次（由语文组辅导老师负责），读书札记交流一次。

2．组织一次秋游，一次外出采访活动。

3．本社成员每周练笔不少于两篇，从中选出优秀习作向省市报刊推荐；一学期发表的习作不少于五篇。

4．积极参加省市级作文竞赛、演讲比赛、读书活动竞赛，力争拿到名次。

5．与兄弟学校文学社团加强联系，10月份组织部分社员外出取经。

6．学期结束，评选优秀社员；做好补充新社员工作。

2014年9月

病文二

第一学期学习计划

新学期已经开始了，为了让自己掌握更多的知识，特制定学习计划如下：

一、学习目标与任务

争取在本学期学好各门功课，取得较好的成绩。

二、学习时间安排

周一到周五上课时间，在课堂上在老师指导下学习各科知识；晚上复习当天学习的内容、预习第二天的新课。

周六、周日用六个小时学习，复习一周内新学的英语单词，练习计算机操作，练习打算盘。

三、学习内容

专业课教科书及专业课有关的习题。

四、学习形式

听课为主，自学为辅。

五、学习原则

认真听课，及时复习；统筹兼顾，科学安排；循序渐进，持之以恒。

于月

2009 年 9 月 1 日

五、写作题

1．请写出一份"创业大赛"计划书。

2．根据任务情景，完成下列任务。

（1）为自己一学期的语文学习做出计划，列出计划提纲。

（2）学生修改计划提纲，写作学期语文学习计划。

提示：

（1）计划一定要切实可行，只有切实可行才能完成。

（2）计划要具体，要具体分解任务，规定相应的完成时间，这样才有约束力。

任务三　周知众人靠启事

【任务描述】

为迎接创业大赛，在创业项目的开展中，各公司负责人为扩大业务需招聘员工，请写一份招聘启事。

【任务目标】

一、知识目标

1. 学会启事的定义、特点及分类。
2. 掌握各类启事的撰写格式。

二、能力目标

1. 提高学生应用文写作的能力。
2. 教会学生写作各类启事。

三、素质目标

能正确运用启事办理相关事务,注重培养学生规范做事的习惯。

【任务实施】

1. 以小组为单位,思考、查阅资料并讨论如下问题:
（1）什么是启事?启事的作用是什么?
（2）写作启事要有哪些内容?格式应是怎么样的?
（3）写作启事应注意哪些事项?
（4）启事和启示有什么区别?

2. 根据以上材料写作一份招聘启事,先小组内成员互相评议,各小组推荐代表作品进行全班评议。

3. 教师针对堂练仍然存在的问题,逐一指出行文错漏,说明如何纠正,强调写作重点、写作要求等。

4. 誊写修改后的启事并提交。

【任务资讯】

一、启事的概念

启事是机关单位、社会团体、企事业或公民个人公开申明某件事情,希望有关人员参与或者协助办理而使用的告知性应用文。它的传播方式十分灵活,张贴、信函、电视、报刊,都可以作为传播媒介。

启事这种文体的种类很多,使用范围也越来越广泛,已由原来仅限于"寻人""寻物""招领"等启事,发展到"征婚""招贤""招聘""征集"等几十种类型,涉及社会生活的各个方面。尤其是机关、团体、各群体、各个角落传递信息,以处理各自公务。

二、启事的特点

启事不具备法令性、政策性,因而也没有强制性和约束力。启事往往用简明扼要的文字公开而广泛地陈述情况,告知事宜,希望公众积极响应,大力协助,以期达到预定的目的。具有如下特点:

(1) 内容的公开性。它可以通过张贴、登报、广播、电视等各种宣传手段,向社会广泛发布诸如招生、招聘、开业、庆典、单位成立、商标的使用与更换等各种信息。

(2) 告知的回应性。启事不同于只是向社会"告知"的声明,它希望通过告知得到社会上广泛的回应,以参与、支持、解决自己的某件事宜。

(3) 参与的自主性。启事不具有强制性和约束力。启事的对象有参与的自主性,可以参与或不参与。

(4) 形式的简明性。一事一文,篇幅短小,简单明了。

除上述特点外,公务性启事还有其自身特点:一是启事的主体为机关、团体、企事业单位,而不是公民个人;二是启事的内容属于公务事宜。

三、写作格式

1. 标题

在第一行中间用比正文大一号的字写上文种"启事"或说明告启事由和文种,如"招生启事""征稿启事""招聘中学教师启事"等。还有一种写明启事单位名称加告启事由、文种,如"北京显像管厂聘请法律顾问启事"。有时只标示告启事由,如"失物招领""征稿"等。

2. 正文

正文因启事所说明的事项不同而写法多样,各有侧重。一般应当把发布启事的目的、意义、原因、具体内容、要求等事项一一准确无误地写清楚。总的要求是要说得有条理,清楚明白,简明扼要。

有的启事还要写明地址、电话、联系人等信息。

3. 落款

在正文后右下方署上启事单位名称或个人姓名,如"宏昌公司""刘文正"。单位名称已写入标题,后边就不必再写了。在署名的下方写上发布启事的准确日期。署名和日期可酌情省略。

例文一

开业启事

具有丰富的专卖店运营理念的深圳市吸引力服饰有限公司又一重大举措,与上海尼克针织制衣有限公司合作,将具有意大利独特风范,用料严谨,制作认真的高档女装艾玛、曼妮莎、精品男装马可·波士世界名牌引入大庆市场。从而为我们现代生活中女士与男士写下了自信、自然、舒适、利落个性的洒脱篇章。

专卖店地址:市北二七路104号和邦大厦一层。

为庆祝开业,吸引力公司特于9月18日14:00时在大庆宾馆二号楼八方厅举办艾玛世界名牌信息发布会。

例文评析:该文介绍了这家专卖店是由深圳市吸引力服饰有限公司与上海尼克针织制衣有限公司合作而产生的,增强了消费者的信任感。还有介绍专卖店的经营范围——高档女装艾玛、曼妮莎及精品男装马可·波士,并介绍了为庆祝开业将举办的信息发布会的时间、地点及专卖店具体地址。整个开业启事策划与众不同、别具一格,给人留下深刻印象,起到广告宣传的作用。

例文二

遂平华强塑胶公司高薪诚聘

本公司专营塑料包装袋多年,规模产值稳居全国同行前列,前景广阔,正值高速发展阶段,诚邀管理精英加盟,公司将提供优厚的薪金待遇,也可由应聘者提出薪金要求商议。经省人才交流中心批准,现诚聘以下职位:

一、生产现场经理:男,45岁以下,口才较好,刻苦务实,分析判断力极强,有现场管理数千员工的实力和资历。

二、生产厂长:男,40岁以下,刻苦耐劳,处事果断,能独当一面解决千人以上生产现场问题,当班全过程在车间,用多种办法强化劳动纪律和提高产品质量。

三、人事部主任:男,45岁以下,分析力强,擅长快速准确判别人才及适用岗位,口才好者优。略逊以上条件者可任副职。

四、监事员:男,50岁以下,作风正派,敢于坚持原则、维护企业利益,善财务监督,有纪检类领导经历者优先。

五、工业会计:女,40岁以下,三年以上会计经历,持会计证及职称,能独立处理全盘工业会计账目,字秀笔快,电脑熟(广州一名,江苏省若干名)。

六、采购部主任:男,30~50岁,悟性较强,采购经验丰富,具有极强的采购谈判能力和市场分析判断力，善于领导下属拓展工作，需经常接触废旧塑料。

七、销售部主任：男，45岁以下，有领导20名以上业务员资历，业绩公认突出，对稳定老客户和开拓新市场见解独到、精辟。

以上各职位要求留公司住宿，不吸烟。除广州会计外，均在江苏省南京市工作。（不收抵押金）。

重点提示：本公司要求相当高，应聘者须认真衡量职位要求，勿贸然来厂，以免浪费双方时间。一经正式录用，由公司报销单程硬卧或汽车单程路费，此外公司不负责任何费用。

欢迎应聘者直接面试，时间：每周星期日10:00~13:00时，城西15公里铁西工贸区。或将近照、亲笔简历资料及联系电话寄：山东省德州市铁西工贸区华强塑胶公司人事部，电话：05342222222。

邮码：253000，信封注应聘职位，合则专约，资料恕不退回。

例文评析：这则招聘启事，语言简炼得体，庄重严肃而又不失礼貌热情，足可以看出该公司招贤纳士的诚意。虚席以待各位贤士加盟，所需职位分项列出。就每项而言又提出具体要求，如：性别、年龄、特长要求。有的还有住址限制。另外要求职位住宿公司、不吸烟等。这则启事还有一个"重点提示"更显出公司的非同寻常，不是普通的招工，另外也显示公司对招贤的严肃、认真与重视。最后提出应聘者面试的具体时间、乘车路线及将须交验的材料、寄往何处、邮编等。可谓是详而有致，毫无遗漏不当之处。总之，这则招聘启事主要目的很明显，是为了公司前途着想，诚恳地邀请社会各界贤士加盟，其认真、严肃为公司的良好形象作了广告宣传作用。

（本文由中国论文联盟www.lwlm.com收集整理。）

例文三

首届德州市硬笔书法大赛征稿启事

为进一步贯彻落实市委市政府提出的"打造区域经济文化高地"的战略部署，歌颂我市社会主义建设和改革开放的伟大成就，促进我市文化旅游产业的发展，弘扬书法艺术传统文化，发现我市优秀书法艺术创作人才，逐步提高全市人民群众书写水平，丰富德州市人民群众业余文化生活，特推出首届德州市硬笔书法大赛。

一、**主办单位**：德州市硬笔书法家协会

德州市硬笔书法家协会是在中国共产党的领导下，由德州市硬笔书法家、硬笔书法理论家、硬笔书法教育家和广大硬笔书法爱好者、硬笔书法组织工作者组成的，经德州市文联批准成立；德州市民政局注册登记的，是学术性、非营利性、权威性、德州市唯一具有独立法人地位的专业硬笔书法艺术团体。

二、**参赛对象**

凡德州籍或在德州地区工作、生活、学习的外地书法爱好者（年满8周岁）均可自由投稿。参赛作者按年龄设少年组：A组（8~12周岁）、B组（13~17周岁），成人组（18周岁以上），分别评选设奖。

三、征稿要求

（1）健康向上的古今诗词、联、赋、格言、散文等均可，提倡自作诗词。

（2）书写工具不限（硬笔书法作品以钢笔、铅笔、圆珠笔、竹笔、等硬质工具为主）、书体不限、纸张不限，作品也可自行装裱。草书、篆书、篆刻、刻字作品需另附释文。

（3）硬笔书法作品尺寸不小于A4纸（或者16开），作品形式不限，手卷、册页尺幅不限。

（4）篆刻作品不少于6~8方，至少一方需附边款。

（5）刻字作品材质以木为主，尺寸不得小于35×35厘米（或相当于0.12平方米的面积，不含边框），板厚不少于2.5厘米。

（6）请用铅笔在作品背面注明作者真实姓名、性别、出生年月、参赛组别、工作单位、职务、详细通讯地址、邮编、联系电话、电子信箱等。

（7）投稿作品数量不限，禁止化名重复投稿。

四、设奖办法

本次大赛设个人赛和团体赛。

个人赛：按组别分别设一等奖5名，二等奖10名，三等奖20名，优秀奖若干。

团体赛：凡组织50名以上参赛者的单位可参加团体赛；团体赛设一、二、三等奖及优秀奖；团体赛成员仍具个人赛评选资格（团体作品请统一挂号寄出，注明团体名称、组织者详细资料，每位团体成员作品背面必须按个人赛要求用铅笔详细填写作者真实姓名、性别、出生年月、参赛组别、工作单位、职务、详细通讯地址、邮编、联系电话、电子信箱等）。

五、征稿日期

自发布之日起至2010年5月20日截止，以当地邮戳为准。

六、投稿地址

德州市（黑马）时代花园写字楼450室德州市硬笔书法家协会

邮编：253000

联系人：王秋霞

电话：159××××××××、187××××××××（可接收短信）

七、其他事项

（1）所有来稿必须符合本启事要求。

（2）所有参赛作品一律不退稿。

（3）大赛组委会对所有参赛作品拥有出版权和所有权。

（4）凡投稿者视为认同并遵守本启事各项规定。

（5）本启事解释权归德州市硬笔书法家协会。

首届德州市硬笔书法大赛组委会

2014年3月23日

（参考：http://tieba.baidu.com/f?kz=736461688）

例文评析：征文启事是报纸、杂志编辑部、文化教育事业单位、企业等部门为了纪念重大节日、重要活动、重要事件，或者为了繁荣文艺创作而向社会征稿时所使用的一种启事。这则征文启事由标题、正文、落款三部分组成。标题为常见写法，表明了内容和文种。正文包括征稿的目的意义，宣传号召性很强。作品要求、评选办法、征稿截止日期，注意事项等内容写得详细具体。落款说明了发文单位和时间。

例文四

寻物启事

3月23日晚8:00左右，在淮河路一辆出租车上遗失一个公文包，内有金额为5万的存折一份、派遣证一个及它物，有拾到者请与失主联系，失主愿重金酬谢。

联系人：田先生

联系电话：13277225656

例文评析：这是一则公开登在报缝中的寻物启事。标题"寻物启事"以较大的黑体字显示。以加强明显性，引起别人注意。失主在正文中交待出失物的时间3月23日晚8:00左右。具体地点（在淮河路一辆出租车上）。遗失物为公文包，详细介绍内装物品如"5万的存折一份""派遣证一个及它物"。为感谢送还者，失主许诺重金酬谢，并留下了联系电话。这则文字精炼、篇幅短小的寻物启事详尽具体地介绍了丢失物的情况。一方面透漏出失主急不可待的焦虑之态，另一方面也体现出失主为人处世中的诚恳真挚之情。

例文五

拾物招领

今天傍晚，我系物流管理专业2008级（2）班李海霞同学在校1号餐厅门口拾到钱包一只，内装有饭卡、现金、银行卡等，请丢失者携带有关证件或证明到经济管理系办公室1号教学楼（A）区306室找任老师认领。

经济管理系办公室
2014年9月10日

例文评析：招领启事是请人认领失物的启事。它一般只写明拾到失物的名称、时间、地点及拾到者的联系方式，不能详细介绍失物的特征、规格、数量、丢失时间、地点等，目的是失主认领时可核对信息，以避免冒领。这则招领启事正文交待了拾获物品的基本情况，然后对丢失者提出认领的要求、地点、联系人等。本文对所拾物品没有描述太过详细。

例文六

寻人启事

吴小雪，女，18岁，身高1.6米，瓜子脸，肤白，大眼睛，身穿浅红色连衣裙，白色皮凉鞋。北京口音，痴呆。于7月14日离家，至今未归。本人若见到此启事，请尽快同家人联系。

有知其下落者，请与江北市职业学院化青系吴家俊联系，联系电话：2626654。

或请与江北市天通路派出所联系，联系人：赵小强，电话：2754222。

定重谢！

2014 年 8 月 14 日

例文评析： 这则寻人启事语言精炼，篇幅短小精悍，格式规范。首先交待走失者的身份特征，如姓名、性别、年龄、外貌、衣着装束、说话口音等。便于知情者据此进行判断以便及时联系其家人。这一点儿介绍得非常详细、具体。其次是交待丢失人于何时何地走失或出走的。最后详细交待寻找人的通讯地址或联系方式以备发现人及时同寻找人联系找到失踪者。另外还有酬谢之类的话语。

【知识拓展】

一、"启事"与"启示"

启事是为了公开声明某事而登在报刊上或张贴在墙上的文字。这里的"启"是"说明"的意思，"事"就是指被说明的事情。而"启示"的"启"，则是"开导"的意思，"示"是把事物摆出来或指出来让人知道。"启示"是指启发指示，开导思考，使人有所领悟。可见"启事"和"启示"的含义截然不同，二者不能通用。无论是"征文启事"，还是"招聘启事"，都只能用"事"字，而不能用"示"字。"征文启事"写成"征文启示"是错的。

（参考：高中语文教育网）

二、启事写作注意事项

（1）标题要能揭示事由，简短醒目，吸引公众。

（2）内容单一，一事一启，便于公众迅速理解和记忆。

（3）文字通俗、简洁、集中，态度庄重、平易，又不失热情、文明，给公众以信任感。

三、各类启事写作要求

不同各类的启事，在写法上还有特殊的要求。

1. 招领启事

招领启事只需写明拾到的是何物品，告诉失主到何处、找何人认领。至于物品详细情况及确切数量、具体特征都不需要写明，以便在失主认领时当面核对事实，避免出现差错。

2. 寻物启事

寻物启事要写清在何时、何地拾到何物，要写明丢失物品的特征、数量，还要写明寻物者的单位、姓名、地址及电话号码，以便于联系。言词要恳切、礼貌。

3. 寻人启事

寻人启事要写明被寻人的姓名、性别、年龄、身高、体貌特征、衣着特点、说话口音及走失原因等。最好附上被寻人的照片，便于大家辨认。还应写上表示酬谢之类的话，以求得知情者的积极配合。最后要写清联系的方法，注明启事人的姓名、工作单位、联系地址、电话号码等。

4. 招聘启事

招聘启事必须重点说明招聘的性质、目的、对象、人数、应聘人员须具备的条件，如年龄、性别、户籍要求、文化程度、技术特长、身体状况等。还要说明招聘的方式、应办理的手续、须交验的证件、招聘的起止时间、报名的地点及联系的办法，必要时还要写明聘任后的待遇。

5. 招生启事

招生启事要写明招生的目的、专业设置、课程内容、招收的名额、报名条件、应聘带的证件、报名时间、地点及截止日期等。

6. 征文启事

征文启事要详细说明举办的单位、征文的意图、征文的要求（如作者的条件、征文的体裁、题材及字数要求等），还应写清评选的办法、奖励的方式、起止的日期、报送的要求及联系的办法。

7. 征婚启事

征婚启事要写明征婚者的性别、年龄、职业、文化程度、兴趣爱好、体貌状况、经济状况等。还要写明对对方的要求，最后要写明联系的方法及地址。写征婚启事，要从实际出发，对征婚者的介绍要客观，对对方的要求不要太过分。

8. 迁址启事

迁址启事要写明搬迁的时间、新址的具体方位、电话号码等，必要时还要标出方位图。

9. 更名启事

更名启事要写明从何时起更改名称，原名称和新名称都要用全称。

10. 出租启事

出租启事要写明出租房屋的地点、面积、规格、设备及周边交通状况，以供求租者参考，还要写明联系方法。

11. 业务启事

业务启事应简要说明本单位的基本情况，表达出愿意合作的意图，并欢迎来函、来电、来人。具体细节需当面洽谈，所以重点写明单位名称、详细地址、联系电话及联系人。

总之，启事正文的内容，应根据启事的性质和目的来决定写作重点，这样才能收到良好的效果。

【实训平台】

一、填空题

1. 写招领启事时，其标题也可以写成_____或_____。
2. 写寻物启事的目的是求人帮助，所以行文中要有_____之意。
3. 写招聘启事，最重要的要把招聘目的、_____和_____写清楚。

二、判断题

1. 启事是因有事需向公众说明，或因有事请求公众帮助而写。　　　　（　）
2. 启事可以通过媒体发送。　　　　　　　　　　　　　　　　　　　（　）

三、病文评改

分析下面启事存在的问题，指出其错误之处，提出修改意见，并作口头修改。

病文一

拾到钱包了

本人拾到一棕色棉质酷狗牌钱包，内装现金500元，饭卡一张，卡号35240212887745679。请丢失者到1号教学楼A区504办公室找王老师认领。

王丽丽
2008年10月5日

病文二

山东省德州市第六中学校庆启事

　　山东省德州市第六中学定于2008年12月8日隆重举行建校60周年庆典，敬请海内外历届学子及曾在本校工作过的教职工相互转告。

　　为编写校友录和便于联系，各位校友见此启事后，尽快与学校联系，并将本人基本情况提供给学校。

　　学校热忱欢迎各位校友届时返校同庆！

此致

敬礼

山东省德州市第六中学
2007年10月8日

病文三

寻物启事

　　本人是13旅高班的马文双，于4月15日骑车经过女生宿舍楼附近时，不小心丢失皮包一只，有拾到者请交给本人。此致

敬礼

13旅高班全体同学
4月16日

四、写作题

1．根据材料拟写一则寻物启事。

2008年9月15日下午2时，德州职业学院经管系物流专业2007级1班的李玲同学在教学楼内丢失一个黑色钱夹，内装人民币500元，另有银行卡两张，饭卡一张。他写了一则寻物启事，晚上工业工程系数控专业2007级2班的张建同学，找到她并将钱夹还给了她。请代李玲同学拟写一则寻物启事。

2．请根据任务描述，完成一则招聘启事。

任务四　精彩独特做演讲

【任务描述】

各创业项目负责人对招聘的员工实施竞争上岗，请写一篇演讲稿，以便取得理想岗位。

【任务目标】

一、知识目标

掌握演讲稿的内容、写作要求和演讲稿的概念、特点、种类等基本知识；掌握竞岗演讲词的内容、写作要求并了解竞岗演讲的规则及体态语。

二、能力目标

掌握演讲稿的写作方法，能写出语言得体、富有激情的演讲稿；掌握竞岗演讲词的写作方法并能较好地完成竞岗演讲。

三、素质目标

使学生具备较高的演讲稿写作水平，养成严谨的写作态度；使学生具备较高的竞岗演讲词的写作水平，养成严谨的写作态度。

【任务实施】

1. 学生根据搜集到的演讲稿，分小组讨论问题。
2. 结合实例，具体讲解演讲稿每一部分的写作并示范演练。
3. 学生根据课下完成的竞岗演讲稿，分小组讨论交流。
4. 竞岗实战练习。

【任务资讯】

一、演讲稿的概念及作用

演讲稿也叫演说辞，它是在较为隆重的仪式上和某些公众场所发表的讲话文稿。演讲稿是进行演讲的依据，是对演讲内容和形式的规范和提示，它体现着演讲的目的和手段、演讲的内容和形式。演讲稿是人们在工作和社会生活中经常使用的一种文体。它可以用来交流思想、感情，表达主张、见解；也可以用来介绍自己的学习、工作情况和经验等；演讲稿具有宣传、鼓动、教育和欣赏等作用，它可以把演讲者的观点、主张与思想感情传达给听众以及读者，使他们信服并在思想感情上产生共鸣。

二、演讲稿的特点

演讲是演讲者就人们普遍关注的某种有意义的事物或问题，通过口头语言面对一定场合的听众，直接发表意见的一种社会活动。是演讲者与听众、听众与听众的三角信息交流，演讲者不能以传达自己的思想和情感、情绪为满足，他必须能控制住自己与听众、听众与听众情绪的反应与交流。所以，为演讲准备的稿子应具有以下三个特点：

第一，针对性。演讲是一种社会活动，是用于公众场合的宣传形式。它为了以思想、感情、事例和理论来晓喻听众，打动听众，"征服"群众，必须要有现实的针对性。所谓针对性，首先是作者提出的问题是听众所关心的问题，评论和论辩要有雄辩的逻辑力量，要能为听众所接受并心悦诚服，这样，才能起到应有的社会效果；其次是要懂得听众有不同的对象和不同的层次，而"公众场合"也有不同的类型，如党团集会、专业性会议、服务性俱乐部、学校、社会团体、宗教团体、各类竞赛场合，写作时要根据不同场合和不同对象，为听众设计不同的演讲内容。

第二，可讲性。演讲的本质在于"讲"，而不在于"演"，它以"讲"为主、以"演"为辅。由于演讲要诉诸口头，拟稿时必须以易说能讲为前提。如果说，有些文章和作品主要通过阅读欣赏，领略其中意义和情味，那么，演讲稿的要求则是"上口入耳"。一篇好的演讲稿对演讲者来说要可讲；对听讲者来说应好听。因此，演讲稿写成之后，作者最好能通过试讲或默念加以检查，凡是讲不顺口或听不清楚之处（如句子过长），均应修改与调整。

第三，鼓动性。演讲是一门艺术。好的演讲自有一种激发听众情绪、赢得好感的鼓动性。要做到这一点，首先，演讲稿的思想内容要丰富、深刻，作者的见解要精辟，有独到之处，能发人深思；其次，演讲稿的语言表达要形象、生动，富有感染力。如果演讲稿写得平淡无味，毫无新意，即使在现场"演"得再卖力，效果也不会好，甚至相反。

三、演讲稿的种类

1. 按照体裁分类

（1）叙述式：向听众陈述自己的思想、经历、事迹，转述自己看到、听到的他人的事迹或事件时使用的。叙述当中，也可夹用议论和抒情。

（2）议论式：摆事实、讲道理，既有事实材料，又有逻辑推断，立场坚定，旗帜鲜明。

（3）说明式：对听众说明事理，通过解说某个道理或某一问题来达到树立观点的目的。

2. 按照内容分类

（1）政治演讲稿。

政治演讲稿，是政治性演讲文稿。它是针对国内外现实生活中的政治问题，阐明自己的政治观点。

（2）学术演讲稿。

学术演讲稿是就某一学科领域中的课题进行研究、探讨，向听众表述新的科学研究成果，传播科学知识的演讲文稿。

（3）社会生活演讲稿。

社会生活演讲稿，是以社会存在的某一方面的问题为对象来表达自己的思想、情绪、愿望、要求的演讲文稿。

四、演讲稿的结构

演讲稿的结构分开头、主体、结尾三个部分。

1. 开头

演讲的开头，也叫开场白。它在演讲稿的结构中处于显要的地位，具有特殊的作用。演讲稿的开头，通常有以下几种：

（1）开门见山，提示主题。这种开头即一开讲就进入正题，直接提示演讲的中心。运用这种方法，必须先明晰地把握演讲的中心，把要向听众提示的论点摆出来，使听众一听就知道讲的中心是什么，注意力马上集中起来。

（2）介绍情况，说明根由。这种开头可以迅速缩短与听众的距离，使听众急于了解下文。

（3）提出问题，引起关注。写演讲稿的开头，可根据听众的特点和演讲的内容，提出一些激发听众思考的问题，以引起听众的兴趣。这种问题应该新颖、独特，确实能促使听众去思考。

除了以上三种方法，还有释题式、悬念式、警策式、幽默式、双关式、抒情式等。

2. 主体

演讲稿在开头后要迅速转入主体，这是演讲的正文和核心部分，也是演讲稿的高潮所在，能否写好，直接关系到演讲的质量和效果，内容的安排应注意以下几个问题：

第一，确定结构形式。演讲稿的形式比较活泼，或旁征博引、剖析事理，或引经据典、挥洒自如，或层层深入、就事论事。结构形式不管怎么样变化，都要求内容突出、问题说透、推理严密、层次清晰、情理交融。

第二，认真组织好材料。演讲稿的理论依据和事实论据的组织安排要适当。首先必须保证例证的真实性、典型性。演讲稿不能太长，一般30分钟左右最好。内容要求言简意赅、起到画龙点睛的作用。

第三，构筑演讲高潮。一个成功的演讲，不可能没有高潮。要体现三个特点：一是思想深刻、态度明确，集中体现演讲者的思想观点。二是感情强烈，演讲者的爱恶、喜怒在这里得到尽情宣泄。三是语句精炼。

如何构筑演讲高潮呢？

首先要注重思想感情的升华。必须对某个问题有较为深刻全面的分析、论证，演讲者的思想倾向要逐渐明朗，听众也能逐渐领会演讲者的思想观点，并有可能与演讲者的思想感情产生共鸣，从而构筑高潮。

其次要注意语言的锤炼，使用排比反问等句式增加气势，也可借助名言警句把思想揭示得更深刻。

3. 结尾

结尾时演讲内容的自然结尾，是演讲稿的有机组成部分。结尾给听众的印象，往往将代表整个演讲给听众的印象。言简意赅、余音绕梁、能够使听众精神振奋，并促使听众不断思考和回味。

演讲稿的结尾没有固定的格式，或对整个演讲全文要点进行简单小结，或以号召性、鼓动性的话收尾，或者以诗文名言以及幽默俏皮的话结尾。但一般原则是要给听众留下深刻的印象。

例文一

主管会计竞职演讲稿

各位领导、各位同事：

大家好！

今天，我怀着无比激动的心情，参加主管会计竞聘，首先我要感谢联社领导给我们提供了一次展示自我，相互学习的机会！今天挑战这个岗位，我有勇气担当重任，有信心把今后的工作做得更好。在这里，我也衷心祝愿今天参加竞聘的各位同事，都能取得较好的成绩。参加今天的公开竞聘，我认为，我具有以下优势：

第一，因为我在学校学的就是这个专业，所以我有较为专业的基础知识。

第二，参加工作四年来，通过工作实践，总结出相对的工作经验，不管是在哪一个工作岗位上，我都把坚持原则，细心谨慎，不折不扣执行规章制度作为一项准则，认真处理每一笔业务。

第三，我对我们信用社这几年的发展方向、法规政策也有一定的了解和掌握。我能做到坚持原则，廉洁奉公，落实制度，明确责任，搞好团结，加强管理。

第四，就是我还年轻，有健康的身体，青春的活力，容易接受新鲜事物，有开拓创新的潜能，有满腔的热情和朝气蓬勃的心态。

如果竞聘成功，我的工作打算是：

在做好开户、通兑、现金调拨、财务报表、柜台服务等各项工作的同时，还应注意以下工作的开展：

首先，我认为，任何工作都应该树立"服务至上"的思想观念，主管会计既是贯彻制度的执行者，又是制度在基层实施的创造者。所以我要在坚持制度的前提下，服务好、协助好信用社主任做好各项工作，要积极参与制定各项计划和规划，搞好分析和预测，合理建议，准确决策，当好参谋助手，协调好、落实好每一名员工应履行的职责；在坚持制度的前提下，做好信用社同税务、工商等各有关部门和客户之间的协调一致，实现共赢共进。还要协助社领导加强管理，搞好团结，凝聚人心和士气。

第二，加强自身学习，不断提高业务能力，要认真学习《会计法》《农村信用社会计基本制度》《农村信用社财务管理办法》等规章制度，以身作则干好工作，通过掌握高水准的业务技能，高标准的职业道德，用言行一致的行动，表率带头的人格，引领各项工作的开展。

第三，严格执行联社的各项规章制度，加强会计核算，降低经营成本，提高盈利能力。作为主管会计，我将严格遵循经济核算原则，加强财务控制，杜绝不合理开支和浪费现象，开源节流，不断降低经营成本，努力为所在信用社提高盈利能力创造条件，提高经济效益，要认真贯彻各项税收和财政制度。

第四，坚持实事求是的工作原则，任何时候都要有一说一、有二说二，不添枝、不加叶地反映工作问题。对各网点要起到监督引导的作用。

第五，定期组织各网点人员进行集中学习和考试，学习新的会计理论知识，同时进一步明确营业人员岗位职责，促进全体工作人员业务技能的快速提高，从而适应客户对信用社的要求，提升信用社会计服务品牌。

第六，随着电子化的发展，重要空白凭证的管理也越来越重要，因此，我们一定要严格重要空白凭证的管理。

第七，以奖罚并用的方式开展内控制度的执行管理工作，对工作中的规范行为要进行弘扬、宣传和表彰，对工作中的违规行为要进行必要的惩处，通过奖勤罚懒，奖优罚劣的刚硬纪律来提高和约束员工贯彻内控制度的积极性、主动性和能动性。

第八，管好账、报好表，为主任决策提供真实、准确的决策依据，在工作实际中，要发挥手勤、眼勤、嘴勤、腿勤的工作方式，做到手把手教、眼盯着改、嘴不停地讲、腿不停地往各个网点上跑，时刻掌握第一手材料，使呆板的业务报表数据转化为活生生的事例，进而反映出工作的问题要害，促进信用社各项工作的发展。

以上是我对主管会计工作的理解，由于我尚不是主管会计，也没有参加过这方面的专业培训，所述错误之处请各位领导给予指正。如果竞聘成功，我将认真履行主管会计的职责，切实承担好自己所肩负的使命，不辜负领导的信任和期待。如果这次我没有被聘用为主管会计，我也决不气馁，这说明我的工作离联社的要求还有一定差距，在接下来的工作中，我更要以严格的标准来要求自己，不断提高自己的业务技能和专业知识，努力为信用社更好的明天尽心尽力。

谢谢大家！

（摘自：http://www.edu910.net/yjzc/jzjp/201004/49889.html）

例文评析：

（1）演讲稿主题集中、鲜明。全篇内容都紧紧围绕着中心去铺陈，给听众留下了深刻的印象。

（2）演讲稿把抒情和说理有机地结合起来，做到动之以情，晓之以理。演讲稿前有冷静的分析，认识独到；也有热情与激情的流动，感染力强。

例文二

大学生畅想未来演讲稿：

我有一个梦想

尊敬的老师，亲爱的同学们：

大家好！

我很崇拜美国的黑人名人马丁·路德·金，他为了黑人在美国社会的权利付出了巨大努力，最后被美国白人仇视，然后被枪击暗杀，他生前有一篇著名的演讲《我有一个梦想》，所以我今天我演讲的题目也是《我有一个梦想》！

为了一个共同的梦想我们会聚一堂，我们秉承文学的血脉，我们背负理想的背囊。我们追求美好的未来，我们追求智慧，我们讴歌自由，我们抒发心中的激情，我们以诗的语言挥洒我们奔涌的热血。

读一百部书，活一百种人生。对生命来说，没有任何东西能像书籍那样具有如此的力量。书籍是孤独者的朋友，是被遗弃者的伴侣，是郁郁寡欢者的喜悦，是绝望者的希望，是沮丧者的欢畅，是无依无靠者的相助，是梦想者的曙光。

今天，我有一个梦想。

我希望同学们拿起手中的五彩笔，描绘美好的蓝图，从这里起飞，放飞你的梦想，如夸父逐日般追求我们的梦想。

人生不能没有梦想，我们是时代的骄子，祖国的未来，我希望大家可以不断进步，超越自我，胸怀天下。

我希望每一个学生都能够在知识的海洋中遨游，在精神的世界自由搏击。沐浴先哲前贤的光辉思想，聆听仁人大师的谆谆教诲。

文学的殿堂富丽堂皇，我们怀着一颗赤热的心，抱着对文学的热爱，我们来了，我们无所畏惧，因为未了的激情。

只要我们去实践，只要我们热爱读书，只要我们喜欢写作，我们的精神是自由的，我们的思想是开放的；只要我们勤奋笔耕，只要我们不懈追求，只要我们有坚定的信念，只要我们有勇于探索的精神，只要我们敢于行动，我设想我们的梦想就会成为现实，我们的追求便会有回报。

我想！我做！我成功！

今天，我有一个梦想！

我梦想未来的课堂是自由的精神家园，老师、学生自由地在知识的海洋中遨游。

我梦想将来不再以成绩决定一切，我们的学生都会快乐自由地学习。

我梦想同学之间亲如手足，消除矛盾，充满博爱精神。

我梦想我们的学校是一所知识的殿堂，书的海洋，人才的摇篮。

这就是我的梦想。

然而这一切需要我们前赴后继地努力，我们不能等待上帝的垂青，我们必须努力向上，改造自己，改造人类社会。

东晋大诗人陶潜有诗曰：盛年不再来，及时当勉励。

让我们一起来描绘灿烂的前程，来书写豪壮的誓言，来开创未曾耕耘的处女地。

让我们携手并进，放飞梦想，为梦想而奋斗！

为了明天！

（摘自：http://www.qtqm.com/yjg/yjg/20090525/371.html）

例文评析：

（1）本篇演讲稿感情强烈，对听众产生极强的感染力。演讲者对大学生活的激情梦想在这里得到尽情宣泄。

（2）演讲稿注意语言的锤炼。文中使用大量的排比句式，增强文章的气势，还引用陶潜的诗句把思想内涵揭示得更深刻。

【知识拓展】

一、演讲稿与讲话稿的关系

相同点：演讲稿类属于讲话稿，这要求它遵从讲话稿的一般写作规律，在语言的运用上，遵循口语表达的特点，如多用短句，少用长句，语言节奏感强。

不同点：讲话稿，是指把为了某一目的，在一定场合下所要讲的话事先用文字有条理地写出来的文稿。讲话稿是一个统称，涵盖面较大。它的适用范围，主要是各种会议和一些较庄重、隆重的场合。按用途、性质来划分，讲话稿主要有以下几种：开幕词、闭幕词、会议报告、动员讲话、总结性讲话、指示性讲话、纪念性讲话等。

而演讲稿更加注重选材立意，在选材上多属主动型，切实根据听众的愿望和要求，弄清他们关心和迫切要解决的问题，有的放矢，力求引起最大共鸣。其次，在表达手段上有较多的议论、抒情，将生活中获得的各种体验，由真善美与假丑恶激发起的各种情感，真实地倾泻到演讲稿中，动之以情、晓之以理，具有较强的感召力。多用幽默、双关、反语、排比、引用等修辞手法，以达到在与现场听众的交流中，牢牢吸引听众的注意力。

二、演讲稿写作要求

（1）演讲，首先要了解听众，注意听众的组成，了解他们的性格、年龄、受教育程度、出生地，分析他们的观点、态度、希望和要求。掌握这些以后，就可以决定采取什么方式来吸引听众，说服听众，取得好的效果。

（2）一篇演讲稿要有一个集中、鲜明的主题。无中心、无主次、杂乱无章的演讲是没有人愿听的。一篇演讲稿只能有一个中心，全篇内容都必须紧紧围绕着这个中心去铺陈，这样才能使听众得到深刻的印象。

（3）好的演讲稿，应该既有热情的鼓动，又有冷静的分析，要把抒情和说理有机地结合起来，做到动之以情，晓之以理。

（4）演讲稿的语言要求做到准确、精练、生动形象、通俗易懂，不能讲假话、大话、空话，也不能讲过于抽象的话。要多用比喻，多用口语化的语言，深入浅出，把抽象的道理具体化，把概念的东西形象化，让听众听得入耳、听得明白。

【实训平台】

一、单项选择

1．演讲稿不同于其他文章，它是进行演讲的依据，而演讲采用有声语言传情达意，因此，演讲稿具有（　　　）。

　　A．受众局限的特点　　　　B．口头传播的特点
　　C．论证充分的特点　　　　D．夸夸其谈的特点

2．一篇演讲稿如果只是思想内容好，而语言干巴无味，也起不到应有的作用，因此，演讲稿的语言要求（　　　）。

　　A．特色鲜明　　　　　　　B．通俗易懂
　　C．端庄典雅　　　　　　　D．富有感染力

3．演讲稿的主旨确立后，就要围绕这个主旨组织材料，进行论证，欲使演讲具有说服力，写作演讲稿时要求（　　　）。

　　A．主旨明确　　　　　　　B．有的放矢
　　C．论证充分　　　　　　　D．短小精悍

二、多项选择

1．演讲稿的写作要求有（　　　）。

　　A．有的放矢　　B．感情强烈　　C．语言有感染力
　　D．主旨明确　　E．论证充分

2．竞选演讲的要求有（　　　）。

　　A．底气要足　　B．态度要诚　　C．语言要简　　D．方法要奇

三、写作题

1. 以你对创业大赛的认识为内容写一篇演讲词。

2. 青春如梦,岁月如歌,青春是人生中一段难以磨灭的插曲,它注定是"不平凡"的。它需要我们用心灵和智慧去诠译,它更需要我们用勇气和自信去充实。当我们背起行囊,来到了德州职业技术学院这座象牙塔,青春就该由我们来抒写和添彩了!

请你以《让青春激情飞扬》为题,写一篇演讲稿。

要求:

(1)演讲稿主题集中、鲜明。

(2)请你设计一个新颖、独特的开头,引起听众的兴趣;然后设计一个好的结尾,力求给听众留下深刻的印象。

(3)文章字数不少于600字。

3. 就自己所学专业对应的岗位,写一篇竞岗演讲词。

任务五 非凡创意写广告

【任务描述】

为了扩大宣传,使之运营良好,请为自己的创业项目设计一则广告文案。

【任务目标】

一、知识目标

了解广告文案的概念和特点;学习广告文案的结构、格式和写作要求。

二、能力目标

能够掌握广告文案这种文体的功能作用,能够完成工作情境下请示的写作任务,能够为创业项目设计新颖合理的广告文案。

三、素质目标

提高分析问题、解决问题的能力；培养学生对知识的钻研精神、创新意识和独立完成工作的能力。

【任务实施】

1. 课前学生分成小组，搜集关于广告的资料。
2. 学生展示资料，感受广告。
3. 经典广告文案欣赏，教师指导广告文案的相关知识，学生自主探究，掌握广告文案的概念、结构、格式、写作要求。
4. 学生分小组为创业项目设计广告文案，提交后，全组人员共同修改完善文案。
5. 学生展示广告文案创意作品，师生点评，选出最佳文稿。

【任务资讯】

一、广告文案的概念

广告文案是指广告作品中为传达广告信息而使用的全部语言符号（包括有声语言和文字）所构成的整体，是广告创意和策略的符号表现。广告文案有广义和狭义之分，广义的广告文案就是指通过广告语言、形象和其他因素，对既定的广告主题、广告创意所进行的具体表现。狭义的广告文案则指表现广告信息的语言与文字构成。广义的广告文案包括标题、正文、广告语的撰写和对广告形象的选择搭配；狭义的广告文案包括标题、正文、广告语的撰写。本书主要讲解狭义的广告文案。

二、广告文案的作用

（1）引起受众注意，扩大影响。

（2）传递信息，繁荣经济。广告宣传可以沟通产、供、销渠道，帮助信息交流，加快资金流动，提高经济效益。

（3）刺激消费，提高企业知名度。广告使消费者了解商品更大的信息，刺激消费者选购商品，同时提高企业商品的知名度。

三、广告文案的种类

关于广告文案的种类，我们可以依据不同的标准，从不同的角度来划分：

（1）按媒体分：报纸广告文案、杂志广告文案、广播广告文案、电视广告文案、网络广告文案、户外广告文案、其他媒体广告文案。

（2）按文体分：记叙文广告文案、论说体广告文案、说明体广告文案、文艺体广告文案。

（3）按内容分：消费物品类广告文案、生产资料类广告文案、服务娱乐类广告文案、信息产业类广告文案、企业形象类广告文案、社会公益类广告文案。

（4）按诉求分：理性诉求型广告文案、情感诉求型广告文案、情理交融型广告文案。

四、广告文案写作格式

一则完整的广告文案主要包括广告标题、广告正文、广告附文、广告语等几部分。

1. 广告标题

广告标题就是广告的题目，是广告主题或基本内容的集中表现，被誉为广告的灵魂。由于人们阅读广告的习惯是先浏览标题，所以，标题的写作质量直接决定广告的可读性。标题的关键是引人注目、便于记忆、关联内容。

广告标题按表现的形式分，有直接标题、间接标题和复合标题三种。

（1）直接标题。

直接标题是指直截了当或简明扼要地将广告所要传播的主要信息在标题中表达出来。例如：

城市人家，装修专家（城市人家装修公司广告）

金嗓子喉宝（金嗓子喉宝药品广告）

（2）间接标题。

间接标题是指标题并不直接介绍产品或服务，而是用委婉的语言、形象化的手法，向消费者提醒或暗示，引人入胜，诱发阅读的兴趣。例如：

四大皆空（台湾三味矿泉水广告）

得"芯"应手（英特尔奔腾处理器）

（3）复合标题。

复合标题是直接标题和间接标题的综合运用，主要用于内容多、较复杂的广告。形式上可以是正题和副题、引题和正题，甚至是引题、正题、副题三者的结合。例如：

和我一样，贝尼觉得朋友越多越好

没错，高尔夫，很生活（高尔夫车广告）

力士香皂——国际著名影星的护肤秘密（力士香皂广告）

2. 广告正文

正文是广告文案的核心部分，是传播产品和劳务信息的主角，承担着介绍商品和劳务、树立产品和企业形象、推动购买的职责。成功的正文不仅能简洁、具体地介绍商品，满足消费者的需要、解除消费者的疑虑，而且可以赢得消费者的好感与信赖，激发购买欲望，促使消费者采取购买行动。

广告正文通常由开头、中心、结尾等部分组成。开头部分要紧扣主题，以便自然、准确地引出下文。中心部分重在表达所要宣传的内容，如产品的性能、特点、用途、使用方法、实际效果、售后服务等。结尾部分一般要号召人们积极响应、立即行动。

广告正文的表现形式主要有以下几种：

（1）叙述体。

用简洁、平实的语言，开门见山地介绍产品或服务，如商品的名称、规格、特点、价格等情况，直截了当，清楚明了。例如：

一部高效率的超级个人电脑，必须具备一片高性能的快速处理器．才能得"芯"应手地将各种软件功能全面发挥出来。Intel 现率先为您展示这项科技成就，隆重推出跨时代的奔腾处理器，它的运算速度是旧型处理器的 8 倍，能全面缩减等候时间，大大提高您的工作效率……（英特尔奔腾处理器广告）

（2）证书体。

着重宣传商品的获奖情况，提供权威人士或知名人士对商品的鉴定、赞扬、使用和见证，或是用消费者对商品赞扬的信件来证明产品的质量或信誉，从而增加商品的信任度。例如：

古井贡酒清如水晶，香如幽兰，甘美醇和，回味悠长，连续三次荣登国家名酒金榜，又获第十三届巴黎国际食品博览会金奖。（古井贡酒广告）

（3）对话体。

把广告宣传的内容通过两个或几个人对话的方式表达出来。例如：

男童：爷爷，你怎么了？

老人：哦，这是爷爷当年在荷兰留学的时候最喜欢听的曲子，那时候，我用的是荷兰飞利浦音响，它伴随我度过了多少思乡之夜啊！

女儿：爸爸您说的荷兰飞利浦音响已经在北京安家落产了，咱们现在听的就是北京飞利浦音响。

男声：北京飞利浦，唤起您温馨的回忆。（北京飞利浦音响广告）

（4）文艺体。

用诗歌、散文、小说、故事等形式宣传产品或服务，生动活泼，富有感染力。例如：

子夜，灯一盏一盏熄了，

浓密的夜色淹没了初歇的灯火，

万物俱眠。

怎舍得未归的人，

独自在黑夜赶路？

且点上一盏灯，

点上家的温暖与期待，

让晚归的人儿

不觉孤独。

飞利浦真柔灯泡

为晚归的人点上一盏温馨的灯。（飞利浦真柔灯泡广告）

3. 广告附文

广告附文，又称广告随文，是传达商品名称、商标牌号、商品销售日期、价格、商品购买方法、企业名称、电报电话、联系人等附加性信息，位于广告文案结尾处的语言文字。

写作广告附文的要求是既要清楚、明白、详细、具体，又不可喧宾夺主。根据广告宣传的需要，附文的内容也可有所选择，突出重点。

4. 广告语

广告语，也称为广告口号，是为了强调品牌或企业的独特定位和形象而提出的一句简明、通俗的宣传语，并能在较长时间内反复使用，引导一种长期观念，注重对消费者观念和品牌形象的长期效果。

广告语按其内容和心理效应，可分为有赞扬式、号召式、情感式、综合式等。写作时要突出企业、商品的特点，要有强烈的号召力，尽量口语化。例如：

小洋人妙恋，初恋般的感觉！（小洋人的妙恋）

看病人，送初元！（初元保健品广告）

成长快乐，快乐的维生素！（成长快乐广告）

欧米茄——卓越的标志（欧米茄手表广告）

例文一

奥尔巴克百货公司广告文案

标题：慷慨地以旧换新

副标题：带着你的太太，只要几块钱……

我们将给你一个全新的女人

正文：为什么你硬是欺骗自己，认为你买不起最新的与最好的东西？在奥尔巴克百货公司，你不必为买美丽的东西而付高价。有无数种衣物供你选择——一切全新，一切使你兴奋。

现在就把你的太太带给我们，我们会把她换成可爱的新女人——仅仅花几块钱而已。这将是你有生以来最轻松愉快的付款。

随文：奥尔巴克纽约·纽瓦克·洛杉矶

口号：百万的生意，毫厘的利润

（参考：http://www.15rc.com/）

例文评析：这篇文案写得很有鼓动性和煽动性。标题新颖，能吸引受众的眼球；副标题对标题作了进一步的解释，也透露出了主题的相关信息。紧抓消费者的心理，使受众保持了浓厚的兴趣；正文以奥尔巴克公司价廉物美的优势，激起消费者的购买欲；随文告知了奥尔巴克公司的地点，方便消费者采取行动；广告口号（广告语）简短而有力，加深了消费者对奥尔巴克公司的信任，强烈刺激着消费者的消费欲望。这篇文案可谓广告文案中的经典之作。

例文二

宝来汽车平面广告文案

广告语：驾驶者之车

标题：奔跑，奔跑者之间的语言

正文：他，他们，

天生的运动者。

以奔跑为生以奔跑为乐，

以奔跑为表情以奔跑为语言，

以奔跑为态度以奔跑为价值。

不以物喜，不以己悲；

平凡态度，超越平凡。

宝来，超越平凡。

（参考：珠宝人社区，http://zbr.0755zb.com）

例文评析：这篇文案的标题是间接性的标题，给人以想象的空间，吸引着受众的阅读兴趣。正文采用诗歌的形式，排比的句式传达着宝来车的最大优点——奔跑，且是超越的奔跑。最后一句点题，在无形的比较中突显宝来的优越性，吸引消费者。广告语走近消费者，深入人心，极能打动消费者。

例文三

瑞士欧米茄手表报纸广告文案

标题：见证历史把握未来

正文：全新欧米茄碟飞手动上链机械表，备有18K金或不锈钢型号。瑞士生产，始于1848年。对少数人而言，时间不只是分秒的记录，亦是个人成就的佐证。全新欧米茄碟飞手表系列，将传统装饰手表的神韵重新展现，正是显赫成就的象征。碟飞手表于1967年首度面世，其优美典雅的造型与精密科技设计尽显贵气派，瞬即成为殿堂级的名表典范。时至今日，全新碟飞系列更把这份经典魅力一再提升。流行的圆形外壳，同时流露古典美态；金属表圈设计简洁、高雅大方，灯光映照下，绽放耀目光芒。在转动机件上，碟飞更显工艺精湛。机芯仅2.5毫米薄，内里镶有17颗宝石，配上比黄金罕贵20倍的铑金属，价值非凡，经典时计，浑然天成。全新欧米茄碟飞手表系列，价格由八万至二十余万元不等，不仅为您昭示时间，同时见证您的杰出风范。备具纯白金、18K金镶钻石、18K金，及上乘不锈钢款式，并有相配衬的金属或鳄鱼皮表带以供选择。

广告语：欧米茄——卓越的标志

（参考：珠宝人社区，http://zbr.0755zb.com）

例文评析：这篇文案标题含蓄而无不相关主题，一语双关。正文采用叙述体，简洁的语言，实事求是的态度，产品信息详细的介绍，使消费者对商品有了一个全面而直观的认识，配以对商品优越性的重点介绍，更增加了消费者对本产品的信任，增加了本商品被选择的几率。广告语简短而有力，与正文结合，更具冲击力。因此，本文案同样是成功的文案。

例文四

箭牌衬衫广告文案

标题：我的朋友乔·霍姆斯，他现在是一匹马了。

正文：

乔常常说，他死后愿意变成一匹马。

有一天，乔果然死了。五月初我看到一匹拉牛奶车的马，看起来很像乔。

我悄悄地凑上去对他耳语：

"你是乔吗？"

他说："是的，可是现在我很快乐！"

我说："为什么呢？"

他说："我现在穿着一件舒服的衣领，这是我有生以来的第一次。我衬衫的领子经常收缩，简直在谋杀我。事实上有一件把我窒息死了。那就是我致死的原因。"

"天哪，乔"我惊讶失声。

"你为什么不把你衬衫的事早点告诉我？我就会告诉你关于'箭牌'衬衫的事。它们永远合身而不收缩。甚至织得最紧的深灰色棉布做的也不收缩。"

乔无力地说："唉！深灰色棉布是最会收缩的了！"

我回答说："可能是，但我知道'戈登标'的箭牌衬衫是不缩的。我正在穿着一件。它经过机械防缩处理。收缩率连1%都不到！此外，还有箭牌所独有的'迷陶戛'特适领！'戈登标'每件只卖两美元！"我说得达到了高潮。乔说："真棒，我的老板正需要一件那种样子的衬衫。我来告诉他'戈登标'的事。也许他会多给我一夸脱燕麦。天哪，我真爱吃燕麦呀！"

（参考：珠宝人社区，http://zbr.0755zb.com）

例文评析： 本广告文案是一篇故事型文案，标题出人意料，激起了读者的好奇心。正文通过构建与产品相关的情节内容来介绍产品，夸张的故事情节与真实的产品信息相结合，给消费者留下深刻的印象。虽然没有广告语，也足以使消费者长久地记住这个品牌。

【知识拓展】

一、注意事项

1. 要实事求是

实事求是是广告的基本原则。真实是广告的生命。《中华人民共和国广告法》明确规定：广告应当真实、合法，符合社会主义精神文明建设的要求，广告不得含有虚伪的内容，不得欺骗和误导消费者。可见，无论是什么性质的广告，所宣传的事物都必须实事求是，有一说一，不能夸大其词，不能移花接木，这样才能使受众对广告主和产品产生信赖。

2. 要有明确的诉求重点

根据产品进入市场的不同时期，不同地点，对产品信息进行提炼、分析、研究，选取诉求重点。诉求点要具体、明确，不能笼统、空洞，也不能朦胧、含蓄。

3. 要独特新颖，以奇取胜

广告文案要从诱发读者好奇心入手，来提高广告效果，扩大产品影响，拓宽产品销路。

4. 语言文字要有感染力，且健康向上

语言文字要准确、精炼、鲜明、生动，既要通俗易懂，朗朗上口，易于记忆，又要活泼风趣，富于高尚的情调。

二、广告语与广告标题的区别

（1）广告语的目的是在消费者的头脑里树立起企业或商品的形象，引导购买；广告标题的目的是引导消费者注意广告和阅读正文。

（2）广告语位置灵活，可以在广告文中出现，也可以单独出现，是反复强调使用的；广告标题的位置相对固定，必须与广告正文联合使用，是依附性的、一次性的。

（3）广告语必须使用完整的句子，表达出明确的概念；广告标题的形式可以是整句话，也可以是半句话，甚至一个字。

三、广告文案的结构发展与新变化

最原始的广告形式是口头广告，又称叫卖广告。古希腊就用这种方式贩卖奴隶。商标字号也是古老的广告形式之一。我国在西周时期就有了音响广告，《诗经》记载卖糖食的小贩吹箫招揽生意。之后，又出现了悬帜广告，《韩非子》记载酒家用酒旗招徕生意。从国际广告发展史看，最初时期的广告文案并没有完善的结构。在英国伦敦博物馆保存着的迄今为止发现的世界上最早的广告文案也只有一段文字，没有广告标题等其他结构因素。

印刷术的发明和发展使广告文案出现了变化。从只有一段文字的广告正文过渡到出现了广告标题，出现了广告正文、附文的分工。如中国北宋时期"济南刘家工夫针铺"铜版印刷广告，广告文案总共不过44个字，但就结构而言，它已具备了完整的广告文案基本结构。

广告标题：济南刘家工夫针铺

广告正文：收买上等钢条，造工夫细针，不误宅院使用；客转为贩，别有加饶。请记白。

广告附文：认门前白兔儿为记

广告发展到现代，广告文案的基本结构正在发生新变化。在四部分结构的基础上，广告文案结构中又出现准口号部分。

四、广义广告文案实例

标题：送出你的爱

标语：想通过网络表达你对他的爱？那就赶快加入我们吧！

正文：是爱在心口难开？还是当面说不出sorry？或者"说"爱还不够？那就通过肯德基的"送出你的爱"活动来展现你特别的表达方式，有多款卡片样式可供选择，还犹豫什么？快来参加吧！

随文：详情请见：www.bobotv.com.cn 或者肯德基主页：www.kfc.com.cn

画面说明：标题和标语在画面的上方，中央是肯德基"送"给全体消费者的"爱"——

TO：亲爱的消费者

肯德基向您郑重承诺：我们将不畏艰难，更加努力，为消费者提供放心食品和优质服务。

FROM：肯德基

正文紧随其后，旁边有一个较大的可点击的按钮，点击进入，随文在画面下方。

整个画面色彩鲜艳，感觉活泼、动感，并配有可爱的动画，总体显得年轻、朝气。

【实训平台】

一、填空题

1. 一则完整的广告文案包括＿＿＿＿、广告正文、广告附文、＿＿＿＿。
2. "达派箱包"是＿＿＿＿标题。
3. 常见的广告正文表现形式有＿＿＿＿、证书体、＿＿＿＿、文艺体。

二、单选题

1. 下列哪一项不是广告随文的内容（　　）。
   A．企业名称　　　　　　　　B．企业电话
   C．商品购买方法　　　　　　D．题目
2. 属于广告文案正文体式的是（　　）。
   A．叙述体　　　　　　　　　B．间接式
   C．热烈式　　　　　　　　　D．条文式
3. 下列哪一项跟其他三项不属于一类（　　）。
   A．报纸广告文案　　　　　　B．杂志广告文案
   C．广播广告文案　　　　　　D．娱乐服务广告文案

三、判断题

1. "吃了金脑子，保你上大学，谁吃谁能上。"这则广告符合广告的原则。（　　）
2. 广告文案不一定有诉求点。（　　）
3. 广告语与广告标题内容必须相同。（　　）

四、病文评改

标题：试图使他们相会？

正文：亲爱的扣眼：

你好，我是纽扣，

你记得我们已经有多久没在一起了？

尽管每天都能见到你的倩影，
但肥嘟嘟的肚皮横亘在你我之间，
让我们有如牛郎与织女般地不幸。
不过在此告诉你一个好消息，
主人决定极力促成我们的相聚，
相信我们不久就可以初次见面，
永不分离。

五、写作题

请任选一件商品，写一则广告文案，要求：不得模仿同类商品广告。

任务六　平等互利签合同

【任务描述】

为参加创业大赛，同学们在开展自己的创业项目时，在经济活动中需要和客户签订相关的合同，以明确双方的权利义务。

【任务目标】

一、知识目标

了解经济合同的概念、作用、特点、类型，掌握经济合同的格式、内容、写作要求和订立原则。

二、能力目标

能够掌握经济合同这种文体的功能作用,能够完成工作情境下经济合同的写作任务,能够按照法定程序独立拟定一份格式正确、内容完备的合同。

三、素质目标

锻炼学生的语言表达能力,培养沟通能力和应变能力,提高分析问题、解决问题的能力;培养学生对知识的钻研精神,认真严谨的学习、工作态度和团队合作精神。

【任务实施】

1. 学生自主合作,根据所搜集的经济合同及教材内容掌握经济合同的概念、分类和特点。通过案例分析,讨论探究,掌握经济合同的结构和写作内容。
2. 教师给出一份格式不规范,条款内容表述不明确或漏写的经济合同,让学生修改与补充。学生可以独立完成,也可以以小组为单位讨论完成,然后师生互评。
3. 学生以小组为单位模拟订立合同双方当事人进行洽谈,签订一份合同,师生评改。
4. 小组成果展示,教师对各组进行点评,选出最佳员工和最完善的合同。
5. 学生根据评改结果修订完善合同并誊写在作业本上。

【任务资讯】

一、经济合同的概念

《中华人民共和国合同法》规定:合同是平等主体的自然人、法人、其他组织之间设立、变更、终止民事权利义务关系的协议。经济合同则是当事人为实现一定的经济目的而订立的明确相互权利义务关系的具有法律约束力的书面协议。

二、经济合同的作用

(1)保护双方当事人的权利不受侵犯。
(2)避免不必要的经济纠纷。
(3)维护社会安定和谐。

三、经济合同的特点

(1)经济合同是一种民事法律行为。经济合同的内容及合同签订过程必须符合国家法律及相关政策。否则,不受法律保护,属无效合同。
(2)各方当事人的法律地位是平等的,当事人的权利义务按照公平原则确定。任何一方都无权强迫对方为或不为。
(3)签订合同是当事人自愿的法律行为。
(4)合同的目的是设立、变更、终止民事权利义务关系。

四、经济合同的类型

按照《中华人民共和国合同法》，可将合同分为 15 种，即：买卖合同、供用电水气热力合同、赠与合同、借款合同、租赁合同、融资租赁合同、承揽合同、建设工程合同、运输合同、技术合同、保管合同、仓储合同、委托合同、经纪合同、居间合同等。

五、经济合同的写作格式

写作内容分为下列几个部分：

1. 标题

标题位于首行居中位置，一般由合同性质或内容加文种组成，如《金龙鱼花生油购销合同》。

2. 立合同方

立合同各方于标题下空一行，居左并列书写。订立合同的单位名称或当事人姓名需用法定全称或规范化简称，并注明双方固定指代是"甲方""乙方"，或"供方""需方"。如有中介方的也要写明。贸易合同有时可指代为"卖方""买方"，不能用"你方""我方"。

3. 引言（开头）

写明订立合同的目的、依据、原则，并以"经双方协商，订立本合同，以资共同恪守"等字样引起下文。

4. 主体

详细写明双方议定的条款，这部分是经济合同的主要内容，是订立合同双方当事人行使权利和履行义务的依据。基本条款是《合同法》规定的，其他相关必要条款是协议各方根据实际需要议定的。按照《合同法》的规定，主要包括以下主要内容（条款）：

（1）标的（货物、劳务、工程项目等）。

标的是指订立合同当事人的权利义务所共同指向的对象，是经济往来中具体目标物，如购销合同卖方交付的出卖物。没有标的或标的不明确的合同是无效合同。

（2）数量、质量要求。

数量和质量是标的的具体化。数量指的是标的的数量，必须规定得明确具体。数字要具体精确，使用国家规定的统一的计量单位，必要时注明误差范畴。质量指的是标的的质量和包装质量。标的的质量标准力求规定得详细、具体、明确，指出执行的是国家或行业何时颁布的质量标准，注明文件标题和文号。

（3）价款或酬金。

价款或酬金是取得合同标的的一方向对方所支付的代价或报酬。它以货币数量表示，要明确标的的总价、单价、货币种类及计算标准，还要明确结算方式和程序，注明价格变动时如何执行价格标准。

（4）合同履行的期限、地点和方式。

履约期限是确定经济合同当事人是否按时履行合同的客观标准。日期用公元纪年，年、月、日书写齐全。写明交（提）货、付款、验收或劳务的具体地点。明确约定履行方式，是一次性全面履约，还是分成若干部分分期履行，是送货，还是提货或是代运等都要注明。

（5）违约责任。

违约责任是指经济合同依法成立后，由于合同当事人一方或双方的过错而导致合同不能履行或不能适当履行，有过错的一方应当承担的责任。通常这部分内容需具体说明罚款或赔偿金额，如何承担继续履行合同、采取补救措施或者赔偿损失等违约责任。由于不可抗力导致合同不能或不能完全履行，可免负违约责任。

（6）解决争议的方法。

合同在执行过程中或履行结束后，如果发生争议，是通过协商、仲裁机关仲裁解决还是通过法庭解决，在条款中应作出明确规定。

5. 附则

主要是注明合同的份数、保管、有效期、合同中未尽事宜的说明以及合同附件的说明。

6. 落款

双方单位全称，法定代表人或代理人签名并加盖公章；有效地址、邮政编码、电子邮箱、电话、电报挂号，开户银行、账号等；签订合同的日期。

例文一

柴油购销合同

甲方（供方）：恒源炼油厂

法定代表人：刘德华

乙方（需方）：德城农资公司

法定代表人：赵庆

合同签定地：德州恒源炼油厂

根据《中华人民共和国合同法》和其他法律法规有关规定，经双方平等自愿、协商一致，订立本合同。

第一条　合同标的、数量、价格

1. 柴油。
2. 供应时间：自二〇一〇年六月二十一日起。
3. 数量以双方送货单上签字确认的数量为准。
4. 价格按照中国石油化工股份有限公司当日价格定价。
5. 若数量、价格另有变动，需经双方重新书面确认。

第二条　送货条款

甲方应保证所供油品质量，并按乙方所需数量送至乙方指定地点。

第三条　质保，验收条款

1. 油品质量按照国家标准，若无国家标准则执行中国石油化工股份有限公司标准。

2. 验收方式：由甲乙双方共同委托一名相关人员对油品数量和质量验收并签字确认。

3. 经双方确认，承载工具是油罐车的，发货油品数量损耗为5‰以内。

第四条　甲方责任

1. 甲方为乙方供油累计价值五十万元以内的，由甲方垫款，暂不结算油款，待双方终止本合同时一并结算。

2. 若遇油品紧张时，甲方保证优先供给乙方所需油品。

第五条　乙方责任

1. 甲方为乙方供油累计超过五十万元以上油品货款，乙方在收到油品当日全额结算给甲方。

2. 本合同有效期内，乙方所用油品均应全部在甲方处采购。

3. 若乙方每月用油数量低于一百吨，甲方垫款幅度由五十万元减低至二十万元。若甲方已经垫款高于二十万元的，则乙方应该立即将高于二十万元以上的甲方垫款部分向甲方结清。

第六条　违约责任

1. 有质量异议的油品由双方共同将油品提至油库封存，并将封存的油样送相关油品质量检验机构检验。检验结果表明属于甲方过错的，甲方支付检验费用并承担由于油品不合格给乙方造成的实际损失，检验结果表明甲方无过错的，乙方支付检验费用并承担由此给甲方造成的实际损失。

2. 本合同第三条第三款中，发货油品数量损耗在5‰以内，以提油单（卡）载明的数量为结算依据，超出5‰损耗，以实际油品数量扣除5‰损耗结算。

3. 本合同第五条第一款中，乙方如拖延付款，按累计欠款总额5%计付违约金，若超过结算日十天，乙方仍未能付款，甲方有权终止供油，因此给乙方造成的损失由乙方自行承担，甲方中止供油当日，乙方需向甲方结清全部油款，包括甲方垫款部分，乙方逾期结算的则应向甲方支付每日1%的滞纳金。

4. 本合同约定的不可抗力不能构成违约的原因。

第七条　不可抗力

1. "不可抗力"是指不能预见、不能避免并不能克服的客观情况，包括但不限于：天灾、水灾、地震或其他灾难，战争或暴乱，以及其他在受影响的一方合理控制范围以外且经该方合理努力后也不能防止或避免的类似事件。

2. 由于不可抗力的原因，而不能履行合同或延迟履行合同的一方可视不可抗力的实际影响免除部分或全部违约责任。但受不可抗力影响的一方应在通知可能的情况下立即通知对方，并在不可抗力发生后15天内特快专递邮寄相关的主管部门签发的证明文件，以便其他各方审查、确认。

3. 发生不可抗力事件终止或消除后，受不可抗力影响的一方，应立即通知对方，发生不可抗力事件终止或消除后15天内特快专递邮寄相关的主管部门签发的证明文件确认不可抗力事件的终止或消除。

4. 如果不可抗力的影响持续超过 1 个月，受不可抗力影响的一方应与对方取得联系，以便解决进一步履行合同的问题。如果不可抗力的影响持续超过 6 个月，任何一方都有权终止全部或部分合同。

5. 因国家油品政策调速等不可抗力因素不构成违约。

第八条　争议解决

甲、乙双方因履行本合同发生争议，应首先协商解决；协商不成时，任何一方可选择合同签订地人民法院解决纠纷。

第九条　需要双方明确的其他事项

1. 甲乙双方已相互提示就本合同各条款全面、准确地理解，并应对方要求作了相应的说明，签约双方对本合同的认识已达成完全的一致。

2. 为保障本合同的履行，如甲方要求乙方提供担保或第三方为乙方提供担保，则由甲方和乙方或第三方另行签订担保合同作为附件，对甲乙双方都具有约束力。

3. 甲乙双方对在履行本合同过程中而知悉的对方的商业秘密，包括但不限于各自提交给对方的合同、文件、资料、数据等，或其他使用对方处于有利竞争地位的信息，负有保密义务。任何一方不得将对方商业秘密披露给任何第三方或不当使用，但经对方书面同意或按法律规定除外。

第十条　本协议一式二份，甲乙双方各执一份，具有同等法律效力，经甲方双方签字并盖章后成立。

第十一条　本合同未尽事项，由甲乙双方另行议定并签订补充协议。补充协议与本合同具有同等效力。谈判过程中形成的资料、意向与本合同不一致的一律以合同为准。

甲方（盖章）	乙方（盖章）
单位地址：德州市精华路 168 号	单位地址：德州市北苑路 259 号
法定代表人（负责人）：刘德华	法定代表人（负责人）：赵庆
签约代表：刘柳	签约代表：赵庆
联系电话：0534-26666666	联系电话：0534-8999999
开户银行：中国银行德州市精华路分行	开户银行：中国银行德州市北苑路分行
账号：136543217895098	账号：156876908543219
邮政编码：230034	邮政编码：208754
签约时间：二〇一〇年六月十一日	

（参考：http://www.dslaws.com）

例文评析： 这是一份条款式合同。合同对购销的标的物、数量、价格、质量、提货方式、双方责任、违约责任、争议的解决、合同保持方式、未尽事宜等都做了规定。附文中写清了签订合同双方的单位地址、法定代表人、签约代表、联系电话、开户银行和账号。条款简明、具体、完备。做到了平等互利，合理合法。

例文二

全员劳动合同书

合同编号

甲方：   乙方：

单位名称：   姓名：

法定代表人：   性别：

委托代理人：   出生年月：

厂址：   家庭住址：

所属区：

根据《上海竟成印刷厂实行全员劳动合同制暂行规定》（以下简称《暂行规定》）和上海市劳动局《本市全民所有制企业实行全员劳动合同制试行办法》的有关规定：在平等自愿、协商一致的原则下，双方订立合同如下：

一、合同类别和合同期限

1. 有固定期合同履行期限为　　年。自　　年　　月　　日起，至　　年　　月　　日止，其中试用期为　　个月（自　　年　　月　　日至　　年　　月　　日止）；乙方必须为甲方服务期限为　　年（自　　年　　月　　日至　　年　　月　　日止）。合同期满应即终止，如甲方工作（生产）需要在双方同意的条件下，应即续订合同。

2. 无固定期劳动合同自　　年　　月　　日起，直至《暂行规定》中约定的条款发生时自行终止。其中乙方必须为甲方服务期限为　　年（自　　年　　月　　日至　　年　　月　　日止）。

二、工作岗位

1. 甲方根据生产和工作的需要，并参照乙方的工作技能或特长，经考核后择优上岗或安排适当的工作。上岗前应按照《上海竟成印刷厂岗位聘用实施办法》与所在部门签订上岗聘约。上岗聘约为本合同附件。

2. 甲方因生产和工作需要或根据乙方的工作能力和表现情况，可调动乙方的工作部门工作岗位，在征求乙方意见时，如无特殊情况，乙方应以服从为原则。

3. 双方有关岗位聘用、解聘等事项按《上海竟成印刷厂岗位聘用实施办法》和《上海竟成印刷厂职工下岗待聘的暂行规定》办理。

三、双方的责任和义务

1. 甲方应根据国家有关劳动保护、安全生产的法规制度，采取有效措施，为乙方提供良好的劳动环境和工作条件，加强对职工的安全、卫生和劳动保护，并根据生产和实际工作需要发给乙方必要的劳防用品和保健营养待遇。同时，对女职工应酌情实行特殊保护。

2. 甲方根据企业生产和经济发展情况，不断提高和改善职工生活福利待遇，并提供必要的集体生活设施和娱乐场所。

3. 甲方根据生产和工作需要，对职工提供必要的专业技术培训和业务进修条件，并进行政治文件学习、安全生产和厂规厂纪教育等。

4. 乙方有参加甲方民主管理，获得政治荣誉和物质奖励的权利。

5. 乙方上岗后应按照甲方的生产和工作要求，掌握本岗位的工作技能和操作规程，按质按量地完成各项规定的生产和工作任务，并接受甲方职能部门的有关考核。

6. 乙方在合同期内，应树立良好的职业道德和主人翁精神风貌，维护企业声誉，爱护集体财产。

四、劳动报酬

1. 甲方实行本企业的内部工资分配形式并根据"按劳分配"的原则，按照岗位的劳动技能高低、工作责任大小、劳动强度和劳动条件优劣情况，确定不同工种的劳动报酬，随着生产经营发展和经济效益增长情况，逐步提高乙方劳动报酬和有关福利待遇。

2. 乙方工资、奖金、浮动工资、岗位工资、加班工资和相应的福利津贴等，仍按甲方现行的规定按月发放。

3. 乙方在生产或工作中有突出贡献或特殊成绩的，甲方可给予必要的精神鼓励和物质鼓励或晋级工资。

五、福利待遇和劳动保险

1. 在劳动合同期间，乙方仍享受统一规定的有关津贴，物价补贴、计划生育、住房补贴、养老保险、独生子女费以及法定的公休节假日、探亲假、婚丧假、产假和甲方规定的职工休假等。

2. 在劳动合同期间内，乙方因工或非因工死亡的待遇以及家属劳保待遇等仍按国家现行政策规定执行。

3. 劳动合同期间，乙方患病或非因工负伤期间的有关待遇仍按国家现行的有关政策和本单位规章制度执行。对乙方的停工医疗期按《上海竟成印刷厂实行全员劳动合同制的暂行规定》中的有关条款执行。

4. 被列入下岗待聘范围的人员，其各种待遇按照《上海竟成印刷厂下岗待聘的暂行规定》执行。

5. 乙方到达离退休年龄，其离退休待遇仍按国家现行政策规定执行。

六、劳动纪律

乙方在劳动合同期间内必须自觉地遵守国家的有关法规法纪、遵守劳动纪律和甲方制定的各种规章制度，如有违纪违章行为，甲方有权按有关厂规厂纪规定给予必要的处罚。

七、合同的变更、终止和解除

1. 凡有固定期限的劳动合同，期限届满时即为终止，甲乙双方经协商后可续订劳动合同。

2. 合同双方在履行劳动合同过程中，如发生特殊情况，无法履行劳动合同的有关内容，经双方协商一致后，可变更劳动合同的有关内容，但必须办理变更手续。

3. 职工到达规定的离退休年龄或因病丧失劳动能力提前退休时，劳动合同自然终止。

4. 在劳动合同期间，任何一方要求解除劳动合同，除属《上海竟成印刷厂实行全员劳动合同制暂行规定》中的第十六条第一、二、三、四款之外，必须提前一个月以书面形式通知对方，方可办理解除劳动合同的手续。

5. 在劳动合同期限内，乙方如属《暂行规定》中第十六条规定之一的，甲方可以解除劳动合同。

6. 乙方在劳动合同期限内，如遇有《暂行规定》第十八条规定之一的，甲方不得解除劳动合同。

7. 乙方在劳动合同期限内，如遇有《暂行规定》第十七条规定之一的，可向甲方提出解除劳动合同。

8. 被解除劳动合同的乙方人员，甲方根据《暂行规定》的有关条款办理有关手续。

八、违约责任

1. 在合同期内，甲方除《暂行规定》第十六条、第十九条，乙方除《暂行规定》第十七条规定的条件外，均不得解除合同或自行离职，否则应支付违约金500元。

2. 甲乙双方必须严格履行劳动合同，除遇有特殊情况，经双方协商一致不能履行劳动合同的有关内容外，任何一方违反合同给对方造成经济损失的，应根据其后果和责任大小，给对方赔偿经济损失。赔偿金额按有关规定或实际情况确定。

3. 凡由甲方出资对乙方进行培训、学历学习、进修或分房的人员，其有离职、调动或违约时，均按《上海竟成印刷厂关于职工在服务期内离岗及违约赔偿办法》有关规定执行。

九、双方需要约定的有关条款

1. 本合同未尽事宜，均按《暂行规定》的有关规定办理。

2. 本合同的有关规定在执行过程中，如与国家新颁布的有关规定相抵触时，应按国家规定执行。甲乙双方需要修订或补充的，可协商修订补充。

十、劳动争议的调解、仲裁

因履行劳动合同发生争议，当事人应当从知道或应当知道其权利被侵害之日起六个月内向企业劳动争议调解委员会申请调解，也可在争议发生之日起六个月内或企业调解不成三十日内，按规定向虹口区劳动争议仲裁委员会申请仲裁。

本劳动合同依法成立，具有法律效力，经甲乙双方签字后生效。此合同一式两份。企业和职工各执一份。

甲方：　　　　　　　　　　　　　乙方：
法定代表人（签章）：　　　　　　（盖章或签名）
委托代表人（签章）：
合同签订日期：　　　　　　　　　合同签订日期：
　　年　　月　　日　　　　　　　　年　　月　　日
鉴证单位：
鉴证日期：
注：签订本劳动合同必须用钢笔书写，不得使用圆珠笔。

（参考：中国论文下载中心，http://www.studa.net）

例文评析：这是一份上海竟成印刷厂的劳务用工合同，内容非常详细。本合同注有合同编号，有些合同没有编号。劳务用工合同中订合同双方的个人身份信息较详细。本合同对合同期限、工作岗位、双方的责任义务都做了相应的约定。既有劳动报酬、福利待遇的约定，也有劳动纪律、合同变更的规定。这样的合同既可以维护用人单位的利益，也维护了被雇佣者的利益。合同也规定了违约责任、争议解决的相关内容，这样可以避免以后出现不必要的麻烦。此合同内容详尽，语言简练、明确，体现了平等自愿原则。

例文三

<h3 style="text-align:center">货物运输合同</h3>

托运方：_____

托运方详细地址：_____

承运方：_____

收货方详细地址：_____

根据国家有关运输规定，经过双方充分协商，特订立本合同，以便双方共同遵守。

第一条　货物名称：_____；规格：_____；数量：_____；单价：_____；总额（元）：_____。

第二条　包装要求

托运方必须按照国家主管机关规定的标准包装；没有统一规定包装标准的，应根据保证货物运输安全的原则进行包装，否则承运方有权拒绝承运。

第三条　货物起运地点：_____；货物到达地点：_____。

第四条　货物承运日期：_____；货物运到期限：_____。

第五条　运输质量及安全要求：_____。

第六条　货物装卸责任和方法：_____。

第七条　收货人领取货物及验收办法：_____。

第八条　运输费用、结算方式：_____。

第九条　各方的权利义务

（一）托运方的权利义务

1. 托运方的权利：要求承运方按照合同规定的时间、地点，把货物运输到目的地。货物托运后，托运方需要变更到货地点或收货人，或者取消托运时，有权向承运方提出变更合同的内容或解除合同的要求。但必须在货物未运到目的地之前通知承运方，并应按有关规定付给承运方所需费用。

2. 托运方的义务：按约定向承运方交付运杂费。否则，承运方有权停止运输，并要求对方支付违约金。托运方对托运的货物，应按照规定的标准进行包装，遵守有关危险品运输的规定，按照合同中规定的时间和数量交付托运货物。

（二）承运方的权利义务

1. 承运方的权利：向托运方、收货方收取运杂费用。如果收货方不交或不按时交纳规定的各种运杂费用，承运方对其货物有扣压权。查不到收货人或收货人拒绝提取货物，承运方应及时与托运方联系，在规定期限内负责保管并有权收取保管费用，对于超过规定期限仍无法交付的货物，承运方有权按有关规定予以处理。

2. 承运方的义务：在合同规定的期限内，将货物运到指定的地点，按时向收货人发出货物到达的通知。对托运的货物要负责安全，保证货物无短缺、无损坏、无人为的变质，如有上述问题，应承担赔偿义务。在货物到达以后，按规定的期限，负责保管。

（三）收货人的权利义务

1. 收货人的权利：在货物运到指定地点后有以凭证领取货物的权利。必要时，收货人有权向到站、或中途货物所在站提出变更到站或变更收货人的要求，签订变更协议。

2. 收货人的义务：在接到提货通知后，按时提取货物，缴清应付费用。超过规定提货时间时，应向承运人交付保管费。

第十条 违约责任

（一）托运方责任

1. 未按合同规定的时间和要求提供托运的货物，托运方应按其价值的_____%偿付给承运方违约金。

2. 由于在普通货物中夹带、匿报危险货物，错报笨重货物重量等而招致吊具断裂、货物摔损、吊机倾翻、爆炸、腐蚀等事故，托运方应承担赔偿责任。

3. 由于货物包装缺陷产生破损，致使其他货物或运输工具、机械设备被污染腐蚀、损坏，造成人身伤亡的，托运方应承担赔偿责任。

4. 在托运方专用线或在港、站公用线、专用铁道自装的货物，在到站卸货时，发现货物损坏、缺少，在车辆施封完好或无异状的情况下，托运方应赔偿收货人的损失。

5. 罐车发运货物，因未随车附带规格质量证明或化验报告，造成收货方无法卸货时，托运方应偿付承运方卸车等费及违约金。

（二）承运方责任

1. 不按合同规定的时间和要求配车（船）发运的，承运方应偿付托运方违约金_____。

2. 承运方如将货物错运到货地点或接货人，应无偿运至合同规定的到货地点或接货人。如果货物逾期达到，承运方应偿付逾期交货的违约金。

3. 运输过程中货物灭失、短少、变质、污染、损坏，承运方应按货物的实际损失（包括包装费、运杂费）赔偿托运方。

4. 联运的货物发生灭失、短少、变质、污染、损坏，应由承运方承担赔偿责任的，由终点阶段的承运方向负有责任的其他承运方追偿。

5. 在符合法律和合同规定条件下的运输，由于下列原因造成货物灭失、短少、变质、污染、损坏的，承运方不承担违约责任：

（1）不可抗力；

（2）货物本身的自然属性；

（3）货物的合理损耗；

（4）托运方或收货方本身的过错。

第十一条 本合同正本一式两份，合同双方各执一份；合同副本一式_____份，送_____等单位各留一份。

托运方（盖章）：_____   承运方（盖章）：_____
代表人（签字）：_____   代表人（签字）：_____
地址：_____   地址：_____

电话：_____　　　　　　　电话：_____
开户银行：_____　　　　　开户银行：_____
账号：_____　　　　　　　账号：_____
_____年___月___日　　　　_____年___月___日
签订地点：_____　　　　　签订地点：_____

（参考：www.diyifanwen.com）

例文四

技术服务合同

委托方（以下称甲方）：_____
法定代表人或负责人：_____
服务方（以下称乙方）：_____
法定代表人或负责人：_____
经双方协商一致，订立本合同。

第一条　项目名称：_____

第二条　甲方的主要义务

1. 在合同生效后_____日内向乙方提供下列技术资料、数据、材料、样品：_____。

2. 在接到乙方关于要求改进或更换不符合合同约定的技术资料、数据、材料、样品的通知后_____天内及时做出答复。

3. 按约向乙方支付报酬_____元，支付方式如下：

合同生效后_____日内向乙方支付报酬总额的_____；

合同履行完成后，验收合格之日起_____日内向乙方支付全部报酬余额。（注：双方可约定由乙方实报实销或包干使用等方式）

乙方开户银行账户为_____。

4. 协助乙方完成下列配合事项：_____。

第三条　乙方的主要义务

1. 在_____年_____月_____日前完成技术服务工作。

2. 依照下列技术经济指标完成技术服务工作_____。

3. 发现甲方提供的技术资料、数据、样品、材料或工作条件不符合合同约定时，应在合同生效后_____天内通知委托方改进或者更换。

4. 应对甲方交给的技术资料、样品等妥善保管，在合同履行过程中，如发现继续工作对材料、样品或设备等有损坏危险时，应中止工作，并及时通知委托方；工作完成后应归还上述技术资料、样品，不得擅自存留复制品。

第四条　保密条款

甲乙双方应对各自提供的下列技术资料、数据承担保密义务：_____。

保密期限为：_____。

第五条　技术成果收益归属

在履行本合同中，甲方利用乙方提供的技术资料和工作条件完成的新的技术成果，属于甲方所有，乙方利用甲方提供的技术资料和工作条件完成的新的技术成果，属于乙方所有。（注：当事人还可以有其他不同的约定）

第六条　甲方的违约责任

1. 甲方未按照合同约定提供有关技术资料、数据、样品和工作条件，影响工作质量和进度的，应当如数支付报酬。逾期两个月不提供约定的物质技术条件，乙方有权解除合同，甲方应当支付数额为报酬总额_____%的违约金。

2. 甲方迟延支付报酬，应当支付数额为报酬总额_____%的违约金，逾期两个月不支付报酬或者违约金的，应当交还工作成果，补交报酬，支付数额为报酬总额_____%的违约金。

3. 甲方迟延接受工作成果的，应支付数额为报酬总额_____%的违约金和保管费。逾期两个月不领取工作成果的，乙方有权变卖、处理工作成果，从获得的收益中扣除报酬、违约金和保管费后，剩余部分返还甲方，所获得的收益不足抵偿报酬、违约金和保管费的，有权请求甲方赔偿损失。

第七条　乙方的违约责任

1. 擅自不履行合同，应当免收报酬并支付数额为报酬总额_____%的违约金。

2. 未按约定的期限完成工作的，应支付数额为报酬总额_____%的违约金。

3. 未按质按量完成工作的，应当负责返工改进或如数补。如果给甲方造成损失的，应赔偿损失。

4. 在工作时间，发现对方提供的技术资料、数据、样品、材料或工作条件等不符合合同规定，未按约定期限通知委托方，造成技术服务工作停滞、延误或不能履行的，应酌减或免收报酬。

5. 在工作期间，发现委托方提供的物品有受损的危险，未按约定期限通知委托方，应对由此造成的损失承担责任。

6. 违反合同约定、擅自将有关技术资料、数据、样品或工作成果引用，发表或提供给第三人，应支付数额为报酬总额_____%的违约金。

7. 对甲方交付的样品、材料及技术资料保管不善，造成灭失、短少、变质、污染或者损坏的，应赔偿损失。

（注：技术服务合同的标的短期难以发现缺陷的，当事人可以在合同中约定保证期，在保证期内发现服务质量缺陷的，服务方应当负责返工或者采取补救措施。但因委托方使用、保管不当引起的问题除外。）

第八条　验收标准和方法

1. 验收标准：本合同约定的各项技术指标。

2. 验收方法：由甲方组织有关同行业专业技术人员验收，写出验收报告。

3. 验收费用由_____方负担。

第九条　有关名词和术语的解释：_____。
第十条　合同争议的解决方法：_____。
本合同自双方当事人签字盖章后生效。

委托方负责人（或授权代表）	服务方负责人（或授权代表）
签名：_____（盖章）	签名：_____（盖章）
签字时间：_____	签字时间：_____
签字地点：_____	签字地点：_____
开户银行：_____	开户银行：_____
账号：_____	账号：_____
委托方担保人（名称）：_____	服务方担保人（名称）：_____
地址：_____	地址：_____
负责人（或授权代表）	负责人（或授权代表）
签字：_____（盖章）	签字：_____（盖章）
签字时间：_____	签字时间：_____
签字地点：_____	签字地点：_____
开户银行：_____	开户银行：_____
账号：_____	账号：_____

（参考：吉林律师网，http://www.jllawyer.com/）

【知识拓展】

一、写作合同的注意事项

1. 合同条款完备、具体

合同一经签订和鉴证，对双方都具有法律效力，任何一方违背或破坏了合同的规定，就要赔偿对方的损失或承担法律的责任。所以合同所必备的各个构成部分不能缺少，关键条款不能遗漏。以免造成不必要的损失。

2. 表述准确、严密，字、词、数据要精确

不能使用含糊不清或可能发生歧义的词语，防止由于措词含糊，语义不明而造成纠纷。不使用"最近""基本上""可能""大概""上一年"一类模糊词语。时间、地点、数字具体精确。价款与酬金数字必须大写。同时还要注意正确使用标点符号，防止句号、逗号用错或点错而造成不必要的纷争或造成损失。

3. 字迹清楚、文面整洁，不可随意改动

无论打印还是手写，都要做到字迹清楚，文面整洁。如有修改、补充，改动处由双方加盖印章，不得单方修订，更不准单方随意涂改。

二、签订合同时需注意的问题

（1）各方当事人相关信息的调查。在签订合同前，当事人应调查对方当事人是否具有

法定资格，其代理人代理行为是否合法有效，其业务行为是否合法。

（2）依法确定合同相关内容。对于合同标的的相关标准及违约处理要依法确定，明确各方权利义务，依法签订合同。

（3）认真审核合同内容，仔细研究合同条款。签订合同前以谨慎的态度认真审核合同的内容，仔细研究合同条款及字句，以免对方利用疏漏或文字歧义，曲解合同条款。

三、订立经济合同的原则

订立经济合同应遵循依法订立原则、自愿原则、平等原则、公平原则、诚实信用原则。

【实训平台】

一、填空题

1. 经济合同双方当事人的法律地位是_____。
2. 合同的目的是_____、变更、_____民事权利义务关系。
3. 订立合同当事人的权利义务所共同指向的对象_____。

二、单项选择题

1. 订合同双方不能用以下哪组词指代？（　　）
   A．甲方、乙方　　B．买方、卖方　　C．供方、需方　　D．你方、我方
2. 以下哪一项不是合同的内容？（　　）
   A．标的　　　　　B．立合同方　　　C．违约责任　　　D．使用说明
3. 下面选项中不能作为合同标的的是（　　）
   A．某建筑工程　　B．仿真玩具枪　　C．一篇学术论文　D．走私彩电

三、判断题

1. 经济合同中的标题不必写。　　　　　　　　　　　　　　　　　（　　）
2. 经济合同中标的的数量、质量必须具体明确。　　　　　　　　　（　　）
3. 订立经济合同时违约责任可口头约定或不约定。　　　　　　　　（　　）

四、评析题

评析下面这份合同。

李宁品牌服装代理合同

双方依据《中华人民共和国合同法》等有关法规，本着平等自愿、互惠互利的原则，充分友好的协商如下协议：

一、保证金（代理金）

（1）甲乙双方于签约后，乙方必须七天内将保证金及货品预付款汇到甲方指定银行账号，此合同方始生效，如七天内乙方款未到甲方指定的账户，即作为乙方自动放弃，同时

甲方有权取消本合同。代理经营应付保证金100万元，货品预付款200万元。

（2）甲乙双方于本合同到期时，乙方不再续签，依据本合同之第八款规定办理，在乙方无任何违约责任前提下，将无息退还乙方保证金，时间为30天。余款处理：以当季等值货品相抵之办法办理。

二、甲方责任

（1）负责设计，提供装修图纸（设计费用以每平方米200元计算）。

（2）甲方有义务协助乙方为其营业人员安排培训指导，相关费用由乙方承担。

三、乙方责任

（1）装修：根据甲方提供设计方案及陈列规划，定制道具，对店铺或柜位进行全方位的装潢，并达到我方的要求（拍成相片快递至甲方公司），费用乙方负责。

（2）通讯：乙方必须提供给甲方详细的通讯地址，本人身份证复印件、电话、传真、联系人，并提供专卖店与专柜的具体详细地址与联络电话。

（3）有效证明：乙方必须向甲方提供有效的营业执照，税务登记证明复印件。乙方经营地必须悬挂标示李宁品牌于明显位置。乙方店铺内不得销售其他品牌服饰。

（4）每星期一乙方应将上个星期的销售情况报表传真至甲方，以便甲方了解市场信息销售动态。

（5）乙方销售须依照甲方商品之牌价为基准，不得更换或涂改甲方商品之标示牌标签。

四、退换货方式

（1）质量问题：乙方收货后，如发现质量问题，以传真格式三天内通知公司业务部，如当时不通知则视为正品，如有损坏公司概不负责。并在10天内返回（日期以收发货品的快递单为准），甲方应予无条件换货。

（2）串号问题：乙方收货后在三天内提出异议，逾期甲方有权不受理。

（3）退换：乙方可以在合同约定的退换率内调货（在非质量原因前提下，每季同款、同色、同码累计不得超过5件）。期限一个月（日期以收发货品的快递单为准）返回的货品必须完好无损（含吊牌）无污渍，不影响货品的再销售，否则甲方有权不受理。

五、违约条款

（1）甲乙双方必须严格遵守合同中的每一条款，如任何一方违约，则违约方必须赔付另一方保证金的全额作为违约款。

（2）除合同中有关合同终止条款外，任何一方若无正当理由而任意终止合同时，则违约方得向另一方支付保证金款的全额违约金。

六、合同终止

乙方如有下述条件之一者，甲方有权解除本合同：

（1）乙方于经营期中，有损甲方名誉、信用与经济等行为者。

（2）乙方未经甲方同意，擅自跨区域经营。

（3）乙方因经营不善，导致歇业、停业、合并与转让等行为者。

（4）合同期届满或甲乙任何一方提出希望中止本合同，必须提前一个月以书面形式通知另一方。

七、争议解决

（1）本合同未尽事宜，由甲乙双方协商解决。

（2）本合同如涉及诉讼，双方同意以甲方所在地人民法院作为第一管辖法院审理。

八、本合同一式贰份，甲乙双方各执壹份，经双方签字，公司盖章后方始生效。

甲方（盖章）：_____　　乙方（盖章）：_____

委托代理人（签字）：李林　　　　委托代理人（签字）：王刚

签订地点：德州奥德乐商场　　　　签订地点：德州奥德乐商场

五、写作题

1. 华宇果蔬商店的经理华建新，于 2010 年 6 月 16 日与黄河涯万亩桃园的经理黄太子订了一份合同。双方在协商中提到：华宇果蔬商店购买黄河涯万亩桃园出产的水蜜桃 5000 公斤、黑美人西瓜 8000 公斤和西红柿 5000 公斤、黄瓜 4000 公斤。每种水果在七成熟采摘，一星期内分四批交货，由黄河涯万亩桃园负责以竹筐包装并及时运到华宇果蔬商店；其中包装费和运输费由华宇果蔬商店负担。各类水果蔬菜的价格视质量好坏，按当地当时收购价打九折，货款在每批水果交货当日通过银行汇入黄河涯万亩桃园账户。如因不可抗力导致不能如数如期交货，黄河涯万亩桃园应及时通知华宇果蔬商店，并互相协商修订合同。在正常情况下，如果华宇果蔬商店拒绝收货，华宇果蔬商店应付拒收部分价款 20% 的违约金与黄河涯万亩桃园；黄河涯万亩桃园如交货量不足，应付不足部分价款 30% 的违约金与华宇果蔬商店。这份合同一式两份，双方各执一份。根据所给材料写一份买卖合同。

2. "挑战杯"全国职业院校创新大赛需要场地，参赛方与主办方签订租用合同，请撰写一份租用合同。

任务七　事后盘点巧总结

【任务描述】

德州职业技术学院创业大赛圆满落下帷幕，学生对参加创业大赛的情况进行全面细致地回顾，总结主要成绩、做法和经验，以利于开展下一阶段的实践活动。

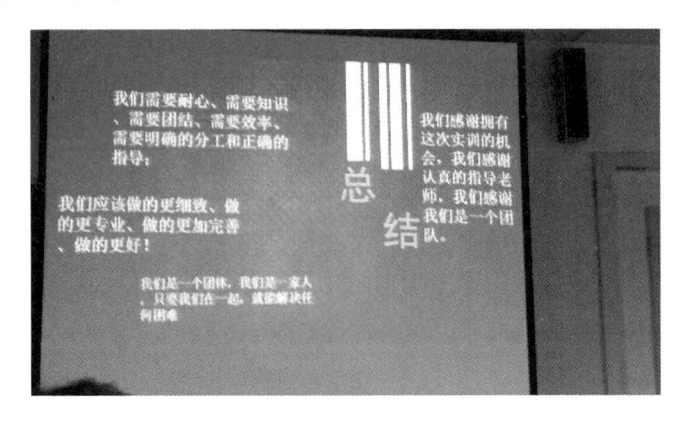

【任务目标】

一、知识目标

了解总结的概念、特点、作用和分类，并掌握其写作格式及注意事项。

二、能力目标

能够掌握总结这种文体的功能、作用，会分析并应用各种类型的总结，能够熟练写出格式规范的总结。

三、素质目标

注重培养人文素养，有意识地提高自己的政策水平、思想水平和业务水平，同时注重语言文字表达能力的培养，树立起定期总结、善于总结的意识与习惯。

【任务实施】

1. 创设情境，分角色模拟。模拟记者会，请几位同学谈一谈创业体会。评价在创新创业大赛的筹备、创业中的成败得失，总结经验教训，作为今后工作的借鉴。
2. 学生自主合作探究，找出课本中有关总结的概念、分类、特点、作用和写作格式等。
3. 分小组讨论例文，在学习的基础上能分析各种类型的总结示例。
4. 学生针对创业大赛，选择、提炼材料，以大赛筹委会的名义撰写一份格式正确、符合要求的创业大赛总结，先小组内成员互相评议，各小组推荐代表作品再进行全班评议，选出最佳文稿。
5. 教师释疑解错，归纳提升；学生熟记总结写作要领。

【任务资讯】

一、总结的概念

总结是对过去某一时期或某项工作的情况（包括成绩、经验和存在的问题）加以回顾、评价的一种书面材料。

二、总结的分类

根据不同的分类标准，可将总结分为许多不同的类型。

（1）按范围分，有班组总结、单位总结、行业总结、地区总结等，当然也有个人总结。
（2）按性质分，有工作总结、教学总结、学习总结、科研总结、思想总结、项目总结等。
（3）按时间分，有月份总结、季度总结、半年总结、年度总结、一年以上的时期总结等。
（4）按内容分，有全面总结、专题总结等。
（5）按目的分，有情况汇报式总结、经验介绍式总结等。

三、总结的特点

1. 客观性

总结是对前段社会实践活动进行全面回顾、检查的文种，这决定了总结有很强的客观性特征，即必须按照事物的本来面目加以反映。它以自身的实践活动为依据，所列举的事例和数据都必须完全可靠，确凿无误，任何夸大、缩小、随意杜撰、歪曲事实的做法都会使总结失去应有的价值。总结的观点也只能是从自身实践活动中抽象出来的认识规律。

2. 规律性

总结并不停留在事实上，还必须从理论的高度概括出带有规律性的经验教训，用以指导今后的工作。因此，总结必须按照实践是检验真理的唯一标准的原则，去正确地反映客观事物的本来面目，找出正、反两方面的经验，得出规律性的认识，这样才能达到总结的目的。

3. 个体性

总结是对自身社会实践进行回顾的产物，它以自身工作实践为材料，采用的是第一人称写法，其中的成绩、做法、经验、教训等，都带有鲜明的个性特点。

四、总结的作用

总结是认识客观事物的重要手段，是交流经验的便捷方式，是进行决策的重要依据。其作用如下：

1. 指导作用

通过总结对前一段工作有全面系统的掌握，经过归纳、分析，肯定成绩，提炼经验，找出规律性的东西，再将其应用于实践，指导实践，接受实践检验。通过总结，人们找出差距，总结教训，明辨是非，改进工作。

2. 提高作用

通过总结，能统一思想，提高认识水平，把众多、分散的材料，零散、片面的认识和理解集中起来，分析研究，归纳提高，形成一个系统化、理论化的统一认识，为今后实践活动的顺利开展在思想上打下基础。

3. 交流作用

总结是上、下级之间，单位之间或个人之间相互交流的重要工具。首先，通过总结，向上级领导汇报情况，便于领导掌握下情，作出正确的决策；其次，通过总结，向单位作出汇报，便于了解情况，统一思想；最后，通过总结，对外交流，促进提高。

五、总结的写作格式

总结一般由标题、正文和落款三部分组成。

1. 标题

（1）公文式标题。总结的标题一般由单位名称、时限、主要内容和文种组成，如《德州市卫生局 2008 年工作总结》《山东大学 2008 年度工作总结》。有的总结标题中省略了单位名称，如《创先树优活动总结》《2009年教学工作总结》。有的标题只是内容的概括，并不标明"总结"字样，但一看内容就知道是总结，如《一年来的谈判及前途》《走活三步棋，选好一把手》等。

（2）双标题式形式。有的总结标题是对核心内容的概括，如《坚持对外开放政策，促进国民经济调整》。还有的总结采用双标题，正标题点明文章的主旨或重心，副标题具体说明文章的内容和文种，如《知名教授上讲台教书育人放异彩——山东大学德育工作总结》。

2. 正文

总结的正文一般包括基本情况概述、经验教训、存在的问题和今后的打算等几个方面的内容。

（1）基本情况概述。

一般作为正文的开头出现，主要交代工作的时间、背景、事情的经过、基本成绩与结果，为下一步的分析研究提供基本情况，给读者以总体认识。要求概述得好，中肯贴切，实事求是。

（2）经验教训。

经验教训是总结的主要内容。无论是综合性总结还是专题性总结，都是必须在介绍基本情况后，对这一阶段的工作情况加以归纳分析，认真挖掘日常工作中深层次的内涵，将具体问题上升到一定的理论高度，从而总结出某些规律性的东西，用以指导今后的工作。这一部分切忌就事论事、泛泛而谈，而应上升到理论层次，由感性认识上升到理性认识。

（3）存在的问题和今后的打算。

这部分内容往往放在总结的最后部分。它是在总结经验教训的基础上，明确今后的方向，提出改进的措施与建议，表明决心和信心等。今后工作的打算，是建立在已有成功经验和失败教训之上的，因此要具有针对性。

总结的正文主要由上述三部分组成，但并没有一成不变的模式。因总结目的不同，总结内容的侧重点和结构安排也不尽相同，可灵活掌握。

总结的结构形式有三种：纵式结构、横式结构和纵横式结构。

（1）纵式结构。纵式结构是按照事物或实践活动的过程安排内容。写作时，把总结所包括的时间划分为几个阶段，按时间顺序分别叙述每个阶段的成绩、做法、经验和体会。这种写法的好处是使事物发展或社会活动的全过程清楚明白。

（2）横式结构。横式结构是按照事实性质和规律的不同分门别类地依次展开内容，使各层次之间呈现相互并列的态势。这种写法的优点是各层次的内容鲜明集中。

（3）纵横式结构。纵横式结构是安排内容时，既考虑到时间的先后顺序，体现事物发展过程，又注意内容的逻辑联系，从几个方面总结出经验教训。这种写法，多数是先采用纵式结构，写事物发展的各个阶段的情况或问题，然后用横式结构总结经验和教训。

主体部分的外部形式，有贯通式、小标题式、序数式三种。贯通式适用于篇幅短小、内容单纯的总结。它像一篇短文，全文之中不用外部标志来显示层次。小标题式将主体部分分为若干层次，每层加一个概括核心内容的小标题，重心突出，条理清楚。序数式也将主体分为若干层次，各层用"一、二、三……"的序号排列，层次一目了然。

3. 落款

落款包括署名和日期。一般在正文右下方署名，署名下面标明成文时间。有时作者署名也可在标题下面。如标题中已经标明了单位名称，落款中便可以省略。

例文一

大学生个人学习总结

进入高等学府深造，成为一名跨世纪大学生，这是我儿时以来的愿望和梦想。在跨入国立华侨大学校门的那一刻，我儿时的理想终于实现了，也圆了我的大学梦。大学里浓厚的文化气息和广阔的自由天地让我有了更好的发展机会和空间。我就像一块渴水的海绵，贪婪地吸收着知识；就像一只久困的鸽子，在广阔的天空中自由飞翔。正是从那时起，我便立志要成为一名思想上进，政治合格，素质过硬，在德、智、体诸方面全面发展的合格的大学生。四年来，我不断朝着这个目标努力学习，踏实工作，努力提高自身素质，德、智、体全面发展。

回顾这四年来的大学生活，本人深感在各个方面都得到锻炼和发展，特别是在党、团组织领导的帮助下，本人的学习成绩、政治理论水平都有了进一步的提高。

一、思想政治方面

一个人无论成功与否，他首先必须是一个思想正派的人，一个爱国的人。我深深地意识到：要成为一名合格的大学生，必须从培养和提高自身思想素质开始。只有树立了正确的人生观、价值观，树立了为人民服务，为社会主义事业奋斗终生的远大志向，才能为大学四年以及今后的学习工作指明方向，提供动力。因此，我在刚入学不久的1997年10月便向敬爱的党组织郑重递交了入党申请书，并从那时起，我就以一名党员的标准，严格要求自己，以党员的标准规范自己的学习和工作。针对自己思想政治素质和理论水平不高的问题，我在日常的学习工作中认真学习党的各项方针政策，研读各种马列专著，领会和总结毛泽东思想、邓小平理论在实践中运用的原理，并通过参加华侨大学党校和系定期的党章学习小组，使自己的政治理论水平有了显著提高，使自己从思想上逐步成熟起来。在1999年5月被评为"1998—1999年度校优秀共青团员"和1999年度系"优秀学生干部"荣誉称号。经党组织严格审查，我被批准于1999年12月28日光荣地加入中国共产党。入党后，我严格遵守党的章程，时刻记住自己是一名共产党员，更加严格地要求自己。按期交纳党费，定期向组织汇报思想。在同学当中，充分发挥党员的先锋模范作用，从课堂学习到课外生活再到社会工作，都努力做到严于律己、乐心助人、尽职尽责。经过不懈的努力，本人于2000年5月再次被评为"1999—2000年度校优秀共青团员"以及2001年5月被评为"2000—2001年度校优秀党员"。

四年来，国际形势风云变幻，国内外敌对势力发动了多起反华攻势。北约悍然轰炸我驻南斯拉夫大使馆，法轮功邪教组织危害社会及李登辉叫嚣"两国论"等，作为一名新时代大学生，在中国驻南斯拉夫大使馆被炸事件中，为强烈抗议美国暴行，我加入到华大同学游行抗议的队伍中。法轮功蔓延全国之际，我能认清其本质，与法轮功作斗争。我坚决拥护党中央的各项决策，决心加倍努力学习，为祖国的富强贡献自己全部的力量。

二、专业理论学习方面

学生以学为本,大学时代的学习积累是一个极其重要的基础,它甚至会影响人们一生的学习与工作。因此,学习依然是大学生的首要任务,我清楚地意识到,作为一名合格的跨世纪大学生,必须具备丰富的科学文化知识和过硬的专业技能。因此,"刻苦""认真""努力"成为我学习上的座右铭。通过与同学进行经常性的学习经验交流,并虚心向老师和同学请教,不断改进学习方法,使自己的成绩不断进步,顺利地通过了国家计算机二级和国家英语四级考试。由于学习成绩优秀,我曾三次获得校优秀学业奖学金。在加强自身理论学习的同时,我还注重动手能力的培养,坚持理论联系实际,积极参加课外科技竞赛,在2000年福建省第二届大学生点子设计竞赛中获得优秀奖。此外,本人还积极参加假期社会实践活动,并且荣获"华侨大学1998年度暑期社会实践积极分子"称号。

三、社会工作方面

四年来,我积极参加各项社会工作。作为一名学生干部,在我看来,如果不能实实在在地为同学做些实事,就是对同学也是对自己的不负责。因此,在工作中,我时刻不忘作为学生干部应为大家服务的思想,尽自己所能做好本职工作。

作为院系主要学生干部,在我先后担任班级团支部书记、系团总支组织部长、系学生党支部宣传委员、信息学院1997年度团总支部书记期间,除了处理好日常事务外,我还尽自己所能,为同学办些实事。工作大胆而且有自己的思路。组织郊游活动增进同学间的了解;组织迎新晚会欢迎新入学的同学;举办业余团校增强团员对团的认识;开展民主生活会促进同学间的思想交流。在我系承办"象牙塔"杯乒乓球赛、"联通杯"排球赛、国庆50周年游园等活动中出色完成任务。在我的倡导下,我们系与华大附中结成共建单位,全系同学捐款资助附中两位生活上有困难的同学。本着服务社会的精神,我还定期组织系里的学生干部到华大老人院维修电器和打扫房间等义务劳动,受到系领导和老人院院长的好评。在日常生活中,我关心同学、团结同学,主动帮助有困难的同学,利用课余时间为同学补课。我时刻注意自己的榜样作用,处处带头,发挥党员的先锋模范作用。在处理班级事务方面,我始终认为"应和班委打成一片,和广大同学打成一片",在团结大家的同时,以自己的行动去影响周围的同学。在我和班委的组织带动下,不论是灾区募捐还是义务献血,不论是参加青年志愿者还是其他集体活动,我们班同学都是个个争先,踊跃参加。班委还时常帮助班里个别在学习、生活上有困难的同学,不使他们游离于班级这个大家庭之外。在全体班委的努力和同学们的配合下,我班于1999年5月被评为校"先进班级"和"先进团支部"。我本人也被评为1998—1999年度系"优秀学生干部"。

在我校开展的"创建文明校园"活动中,作为一名党员,一名学生干部,同时也作为华侨大学的普通一员,我充分认识到了创建"文明校园"活动的意义重大。自己首先能从思想上给予充分重视,在活动中以实际行动,认真履行党员义务和学生干部的职责,起到模范带头作用。我所在的宿舍也被评为华大十佳宿舍,得到老师与同学的肯定,我被评为2000—2001年度校"优秀共青团干部"。

我们作为跨世纪的一代大学生,应当摆正自己的位置,立志成才,肩负起跨世纪的重担，勇攀知识高峰，把报效祖国的远大志向作为发奋学习的强大动力，增强自己的时代感、光荣感、使命感，才能无愧于社会，无愧于人民，无愧于迎接我们的这个伟大时代。

（例文来源：选自《文秘范文》，有改动）

例文评析：这是一篇格式规范的个人总结。开头点明背景，简明扼要地交待总结的主旨，作出基本评价，给人以总体印象。主体分思想政治、专业理论学习、社会工作三方面来写，并且每一部分依次先写认识、态度，阐述依据；再写具体做法；最后写取得的成绩，条理清楚，逻辑性强。结尾收束全文，表明决心，照应开头，简短精炼。通篇结构完整、严谨；材料翔实，观点和材料统一；条理清楚，语言简洁。

例文二

2010年上半年益昌公司职员个人工作总结

2010年上半年，本人在公司各级领导的正确领导下，在同事们的团结合作和关心帮助下，较好地完成了上半年的各项工作任务，在业务素质和思想政治方面都有了更进一步的提高。现将半年来取得的成绩和存在的不足总结如下：

一、思想政治表现、品德修养及职业道德方面

半年来，本人认真遵守劳动纪律，按时出勤，有效利用工作时间；坚守岗位，加班加点完成工作，保证工作能按时完成；认真学习法律知识；爱岗敬业，具有强烈的责任感和事业心；积极主动学习专业知识，工作态度端正，认真负责地对待每一项工作。

二、工作能力和具体业务方面

我的工作岗位是业务内勤。主要负责统计公司铁矿石的发运数、收货数。另外，就是将每天的车皮号及时报山西办事处，核对山西办事处收货情况；整理铁路大票及开具港口包干费票；统计港口操作部每天的返港卸货数量和港口存货的水分等。

我本着"把工作做得更好"的目标，工作上发扬开拓创新精神，扎扎实实干好本职工作，圆满地完成了半年来的各项任务：

1. 统计情况。能及时从代理部门取回磅单，做到发运数与收货数统计准确。

2. 收货情况。山西办事处报的收货数，从刚接触时的整船统计收货盈亏到现在逐步分成整列统计收货盈亏。

3. 空车过磅。今年5月份实行了过空车，现在对于发运数也能做到准确。以前的报表虽然以轨道衡为准，但还是有误差的。现在空车过磅，就能做到发运数基本准确。

4. 水分化验。以前港口发运数出现短少情况，都会出现责任不明确，到底是货物被盗还是水分的丢失。而现在，规定每列货物都化验水分，这样就不会出现推卸责任。

三、存在的不足

总结半年来的工作，虽然取得了一定的成绩，自身也有了很大的进步，但是还存在着以下不足：

首先，有时工作的质量和标准与领导的要求还有一定差距。一方面，由于个人能力素质不够高，铁矿石收发数有时统计存在一定的差错；另一方面，就是工作量多，时间比较紧，工作效率不高。

其次，有时工作敏感性还不是很强。对领导交办的事不够敏感，有时工作没有提前量，上报情况不够及时。

最后，领导的参谋助手作用发挥不够明显。对全局工作情况掌握不细，还不能主动、提前地谋思路、想办法，许多工作还只是充当"算盘珠"。

四、下半年的工作打算

下半年，我将进一步发扬优点，改进不足，拓宽思路，求真务实，全力做好本职工作。打算从以下几个方面开展工作：

一是加强工作统筹。根据公司领导的年度工作要求，对下半年工作进行具体谋划，明确内容、时限和需要达到的目标，加强部门与部门之间的协同配合，把各项工作有机地结合起来，理清工作思路，提高办事效率，增强工作实效。

二是加强工作作风培养。始终保持良好的精神状态，发扬吃苦耐劳、知难而进、精益求精、严谨细致、积极进取的工作作风。

（例文来源：《中国教育文摘》）

例文评析：这是一篇个人工作总结。标题由单位、名称、时限、主要内容和文种组成。正文从三个方面对自己的工作作了工作回顾总结报告。第一、二部分回顾了工作内容，第三部分总结经验教训，找出了存在的问题并分析了原因。第四部分根据工作成绩和经验教训，作了初步的工作打算。全文总结全面，内容翔实，语言简洁，条理清楚。

例文三

售后服务是企业的命根子
万宝集团技术服务中心 1993 年工作总结

1993 年，万宝集团技术服务中心全体员工和分布在全国各地维修网点的员工一起，根据何总经理关于"售后服务是企业的命根子"的指示精神，坚持"拥有万宝电器，享受一流服务"的宗旨和"一切为了使用户满意"的标准，发扬"同心多奉献，合力创一流"的企业精神，大力开展优质服务活动，扎扎实实地做好各项工作，实现了 1993 年的总体目标。全年维修合格率达 99.8%，比去年上升了 30.3%；维修返修率 0.2%，比去年下降了 30.13%；用户来信处理率 100%，全年未出现重大的维修质量投诉，赢得了用户和社会各界的好评，促进了万宝系列产品的销售，促进了万宝售后服务工作向服务质量标准化、服务网络体系化、服务管理规范化、服务方式多样化、服务经营一体化的方向发展。1993 年被评为全国优质服务企业。

回顾一年来，我们主要做了以下几项工作：

一、优化网点建设，加强网点管理（略）

1. 开展网点升级达标活动（略）
2. 开展网点调研考察（略）
3. 合理调整网点布局，扩大维修服务的覆盖面（略）
4. 开展用户抽查，优化网点结构（略）

二、调整售后服务策略，适应市场和用户需要（略）
1. 增加服务项目，扩展服务范围（略）
2. 转换服务形式，提高服务水平（略）
3. 开拓服务经营一体化道路，增强自身实力（略）
三、提高员工素质，深化优质服务（略）
四、开展"万宝电器百日维修服务质量无投诉"活动（略）

1994年是万宝事业发展的关键一年，也是实现集团中期发展规划的决定性一年。我中心必须进一步贯彻落实何总关于"售后服务是企业的命根子"和汤总关于"服务先于销售"的指示精神，坚持"一切为了使用户满意"的最高标准，把售后服务工作作为首要任务，为维护万宝信誉做出更大贡献。

例文评析：这是一篇企业售后服务的综合性总结。本文标题为正、副标题式。正标题揭示文章的中心内容，副标题标示出单位、时间、事由和文种。正文由前言、主体和结尾三部分组成。前言部分概述了基本情况，概述了成就，用语精练，字里行间洋溢着信心和决心，然后用"回顾"一句过渡转入主体部分。主体部分分四大项列举了一年来的主要工作，内容按逻辑顺序排列，围绕着"命根子"这个中心，充分证明了总结中所提出的各个观点。最后以展望作结，充满了信心，反映了企业的精神面貌。全文层次分明，观点与材料统一，是一篇值得借鉴的总结。

例文四

劲凌公司2009年上半年工作总结

2009年上半年，劲凌公司认真贯彻落实总部年初的工作会议精神和具体要求，继续发扬创业时的艰苦奋斗精神，强化队伍建设，抓好市场营销，确保安全质量，开源节流、增收节支，大胆开拓、勇于创新，取得了较好的成绩。现将2009年上半年工作作如下汇报：

一、上半年工作回顾

公司经过三年多的打拼开拓，已经在厦门市场牢牢地站稳了脚跟。但对手今年通过捆绑式的营销模式，采取一切手段对我们进行疯狂的反扑。面对如此恶劣的市场环境，我们每前进一步都很难。但我们并没有失去信心，而是将压力转化为动力，在总部的关怀和指导下，在公司领导班子的带领下，在全体员工的齐心协力下，按照年初确立的"以人为本，打造队伍，完善管理，和谐发展"的工作方针，公司积极采取有效措施，对内加强管理，为发展打好基础，对外大力加强市场营销，以发展促巩固。上半年，公司针对市场形势和公司的实际情况，及时出台相关的制度，调整营销策略，为公司今年工作目标和经营指标的完成奠定了基础。

（一）生产经营情况

今年1~6月份完成集装箱理货业务148万标箱，比去年同期增长10%；杂货完成98万吨，比去年同期增长8%；装拆箱理货完成90万标箱，比去年同期增长7%。

今年上半年财务收入共计210万元，比去年同期增长20%。现有员工队伍100人，员工平均工资达3500元/月。

（二）主要完成的工作

1. 以人为本，搭建平台，构建和谐企业

"以人为本"是企业永恒的经营之道。员工是企业的财富，只有真正地关心员工，充分保障员工的利益，才能让员工努力工作，积极发挥主观能动性，为企业创造财富。今年上半年，公司继续坚持"以人为本"的经营理念，按照年初提出的"以人为本，构建和谐环境，促进公司可持续发展"的工作指导思想，改善和提高员工的福利待遇，将员工打造成为对公司对社会有用的人作为自己的使命，一方面大力发展经济，提高物质基础，今年员工的福利待遇有了明显增长，员工的工资已由去年的两千多增长到现在的三千多，公司还为员工订做了西服、运动服和运动鞋。另一方面加强思想教育，增加精神食粮，充分利用公司的各种平台，努力营造和谐的企业环境。

加强党组织建设，发挥党员干部的模范带头作用。按照公司党委今年的工作计划，公司党委成立了中心学习组，将各部门长、党支部书记纳入学习组，每月组织党员干部进行党课学习，由党委成员亲自主讲。通过政治理论学习，党员干部的思想认识和管理水平有了明显的提高，在实际工作中，他们以身作则，从现在做起、从部门做起、从点滴做起，处处起到表率作用。

充分发挥团组织和工会的作用。团组织和工会是公司党委的得力助手，是公司与员工之间的纽带和桥梁。今年以来，公司团组织和工会在党委的领导下，组织了多项有益员工身心健康的活动。如"新年文艺汇演""第一届友谊杯篮球比赛""万人献爱心活动"等。各部门还针对部门员工多数是青年团员的特点，根据部门实际情况，在工作之余，组织许多年轻人喜欢的活动，有学雷锋、做好事活动，台球赛、羽毛球赛活动；也有郊游、烧烤活动，极大地丰富了员工的业余文化生活，既锻炼了身体，陶冶了情操，又加强了交流，加深了感情，促进了团结，提高了队伍的凝聚力，营造了一个健康和谐的企业环境。

发挥舆论宣传作用，正面引导员工奋发向上。厦门宣传部从2009年开始创办企业内刊《和谐之声》至今已有33期了，为领导与员工、干部与员工、员工与员工搭建了一个很好的沟通桥梁和交流平台。通过内刊传达了公司政策精神和指示要求。员工们通过这一平台，交流工作、学习、生活的经验与感受，对公司经营管理提出意见，参与公司的民主管理，不仅丰富了员工的文化生活，提高了员工的文化修养，还调动了员工参与管理的积极性。今年以来，为了更好地发挥舆论导向作用，公司加大了好人好事的宣传力度，每期都设有好人好事专栏来表扬在工作中乐于奉献、爱岗敬业、有突出表现的员工。今年2月公司对《和谐之声》进行全面改版，由原先的两版扩充到现在的九版，并结合公司的实际，增加具有导向性的文章，极大地丰富了简报的内容，提高了简报的可视性和可读性，充分发挥其导向作用。另外，各现场操作部门都创办了宣传栏，根据部门的具体情况，创办各种主题的栏目，对部门的好人好事进行宣传和表扬，对工作的特殊情况和注意事项进行宣讲，从而促进了部门的生产管理，同时调动了部门员工的工作积极性。

2. 加强队伍建设，提升公司竞争力

队伍建设是企业经营管理的重中之重，公司自成立至今，已经培养出一批志同道合、真抓实干、敢于管理、善于管理的干部队伍，和一批爱岗敬业、不畏辛苦、任劳任怨、积极向上的员工队伍,正是在这些干部员工的努力拼搏下,公司得到了健康快速的发展。今年上半年,公司继续加强队伍建设,努力提高干部员工的思想水平和综合素质,提升公司的竞争力。

加强干部员工的思想素质,引导员工从大局出发,向前看,向远看,树立正确的人生观、价值观和世界观。尤其是提高中层骨干的业务技能和管理能力,使他们成为公司发展的中坚力量。上半年,公司多次组织助理以上骨干进行各种培训。各部门还组织了学习小组,学习业务知识和理货英语。今年6月公司推荐两位同志参加总部举办的中层干部培训。通过培训和自主学习,干部员工的综合能力和业务水平有了很大的提高,为公司进一步的发展打下了坚实的基础。

继续实行干部员工动态管理,最大限度地激发干部员工奋发向上,让干部有危机意识而更加努力地工作,让普通员工有"盼头"而更加努力地去学习,去提高自己的业务技能和综合能力。上半年有两名同志被聘任为部门长,有三名理货员提升了见习经理,对多名员工的工作岗位进行了调动。通过这种"能者上,庸者让"的竞争机制和干部调动机制,公司呈现比学赶超的局面,很好地满足了各个岗位的需要,促进了公司的发展。

规章制度是企业健康发展的保证,几年来公司结合工作实际和市场形势相继出台了一系列的规章制度和政策,确保了公司的健康发展和业务的顺利展开。但随着竞争的加剧,市场对我们提出了更高的要求,尤其在安全质量方面。上半年,公司针对一些内部差错反复出现的问题,修订了《贡献奖暂行办法》和《综合管理奖考核办法》,将和部门的利益与安全质量挂钩,对差错进行严格的控制,内部差错按个计算,一旦出现内部差错即取消评比个人贡献奖资格,干部出现内部差错,按比率扣除安全质量奖;进一步明确对外差错的界定,即只要错误送达、传达外部单位,不管有没有造成影响,都视为对外差错。只要出现一个对外差错即取消部门综合管理奖和个人贡献奖的评比。通过这一系列的措施加强了干部员工的责任感和紧迫感,使工作差错急剧下降,确保了安全质量,受到客户的好评,为进一步扩展市场创造了条件。

今年以来,公司严抓规章制度的贯彻落实,出台了《干部的职责与权限》等规定,进一步明确了职责,使员工在贯彻落实规章制度上有人抓、有人管,而不是当做废纸一张,同时加大对责任人的考核力度,对不遵守公司规章制度的员工给予严肃处理。7月份,现场部门有位员工无视公司的劳动纪律,无故旷工,公司给予通报开除处理,并要求其承担相应的违约责任。公司还加大了现场操作部的检查力度,出台了《现场部门月度检查内容》,对各部门规章制度的落实情况和安全生产进行检查。通过采取上述措施,公司规章制度的执行力度明显加强,保证了公司的政令畅通,令行禁止,高质量、高效率地完成了公司布置的各项任务,从而提高公司在市场上的整体竞争力。

3. 开源节流,创造效益

根据总公司年初的工作会议精神和要求,厦门分公司积极采取有效措施,做好开源节流工作。一方面全力拓展市场,争取业务,拓宽营收渠道;另一方面加强内部成本控制,节省开支,取得了很好的效果。首先,加强人工成本控制。各现场操作分部实行岗位相对固定、人员统筹安排的用人机制,解决了周末作业高峰期人手不足的困难,减少了各部门人员的编制。其次，实行部门成本核算。公司各部门的经营、管理、质量和成本纳入部门月度考核，教育员工从自身做起，从点滴做起，提高主人翁精神和节约意识，努力降低成本。最后，在管理费上严格控制，尽量压缩机关人员的配置。机关人员多是身兼数职，办公室人事管理员某某兼任党办秘书，在财务部会计请假回家生产后又暂时兼任公司会计。在业务招待费上，本着花小钱、办大事、办好事、办实事的原则，采取一切措施，避免不必要的开支。

上半年，我公司本着审计出效益、审计防风险、审计强管理、审计促发展的原则，积极配合总部和股东对公司的审计工作。通过上述一系列的有效措施，公司成本支出得到了很好的控制，收入成本率有了明显的降低。

4. 大力加强市场营销工作

今年，随着国家相关政策的出台和厦门港的自身情况，厦门港市场总量没有增加，反而出现下降的趋势。而港务集团给厦门港营销部定了较高的利润指标，这势必让营销部加大市场营销力度，采取一切办法，甚至不入流的手段对我们进行反扑。公司及时采取相应的对策，巩固了现有的市场份额。如今，对手很难从我们的手中夺去业务，但我们每争取一块业务也要付出很大的代价，这就是市场的"相持"阶段。在这"相持"阶段，谁顶得住压力，先打开突破口，谁就掌握了市场的主动权，所以，市场营销工作是公司今年一切工作的重中之重。

今年公司为了加强市场营销工作，在继续发挥营销小组作用的同时，将李杨其、张波二位同志借调到商务部协助进行市场营销工作，同时依然负责本部门的经营管理，充实了商务部的营销力量。公司还根据各客户的具体要求和各船东的不同特点，为客户提供众多的增值服务，包括为客户做一些力所能及的事，想客户之所想，急客户之所急，受到了客户的肯定与表扬，从而加深了和客户及相关方的关系。

公司针对今年上半年厦门港班轮航线变动不大的特点，及时调整策略，采取行之有效的营销办法，对班轮继续跟踪，保持关系，重点攻关内支线以及一些近洋的航线。今年上半年在巩固原有航线的基础上，通过积极营销，相继争到地中海线和一条内支线；虽然今年因为几家船公司撤线和拆线，导致公司理货箱量的流失，但由于我们争取到了一些业务，从而补足了箱量，巩固了市场份额。在件杂货方面，公司加大营销力度，一有信息，及时跟进，不放过任何的机会，今年公司件杂货的理货份额有明显增长，有几个月还超过了50%。在装拆箱理货方面，加大与堆场和货主的联系，扩大合作，上半年，增加了物流的一块业务，特殊理货的业务量也有所增加。

公司还和相关码头加强合作，上半年公司与海波码头签订了合作协议，其船边、闸口、验关台的相关理货业务已全部委托我公司操作。这证明了我公司的营销工作取得了成功，并且有了码头这一有力的支持者，为公司今后的发展打下了基础。

5. 第一分公司正式开展新业务

根据公司总部的要求，第一分公司的经营管理由厦门分公司负责，去年公司对市场进行了调研，并做好相关开业的准备工作，今年公司加大了营销力度，积极推进分公司各项工作的进行。今年上半年，某某分公司已按照既定的计划，顺利开业了，并已经多次进行了理货作业。分公司具体负责人为分公司的开业经营做了大量的工作。

二、存在的不足

（一）员工的思想水平和综合素质有待提高

公司成立三年来，经过公司的引导和教育，员工的思想水平和综合素质比刚进公司时有了很大的提高，但随着竞争的加剧，客户对我们的员工提出了更高的要求。

（二）干部的管理水平和业务技能有待加强

有一批能抓管理、会拓市场的干部队伍是公司保持持续发展的关键，近三年来，公司涌现出一大批年轻的干部，他们在实践中边学边干、边干边学，工作能力、管理水平和个人修养都得到了很大的提升，为公司的快速发展作出了不少贡献，但他们毕竟还年轻，无论是工作经验、业务能力、管理水平及对外沟通能力都和公司持续发展的需要还存在一定的差距。

（三）规章制度的落实还不够全面到位

三年来，公司各项规章制度都已建立，并在实践中逐步地健全和完善，可是有了好的制度，还要去全面地贯彻落实。今年，公司在管理上出现了一些漏洞，在安全质量上，没有很好地杜绝差错，就是由于规章制度没有完全落实到位，员工没有严格依照规章制度和操作流程作业。

（四）市场营销手段还要进一步创新

上半年，在市场营销上虽然取得了一些成绩，但没能取得更大的突破。今年市场竞争的残酷性在加剧，只有及时解决市场营销的创新和有效手段问题，才能更进一步扩展业务，掌握市场的主动权。

例文评析：本文是一篇工作综合性总结。全文从两大方面作了总结，第一部分对工作的各个方面作了详尽的总结回顾；第二部分分析了不足，并对今后的工作作了指导性的建议。

【知识拓展】

1. 总结写作的注意事项

（1）要坚持实事求是的原则。实事求是，一切从实际出发，这是总结写作的基本原则。在总结写作实践中，不能夸大成绩、隐瞒缺点、报喜不报忧。弄虚作假、浮夸邀功的坏作风，对单位、对国家、对事业、对个人都没有任何益处，必须坚决防止。

（2）要注意共性，把握个性。总结很容易写得千篇一律、缺乏个性。当然，总结不是文学作品，无需刻意追求个性特色，但千篇一律的文章是不会有独到价值的，因而也是不受人欢迎的。要写出个性，总结就要有独到的发现、独到的体会、新鲜的角度、新颖的材料。

（3）要详略得当，突出重点。有人写总结总想把一切成绩都写进去，不肯舍弃所有的正面材料，结果文章写得臃肿拖沓，没有重点，不能给人留下深刻印象。总结的选材不能求全贪多、主次不分，要根据实际情况和总结的目的，把那些既能显示本地区、本单位、本人特点，又有一定普遍性的材料作为重点选用，写得详细、具体；而一般性的材料则要略写或舍弃。

2. 计划与总结的联系与区别

计划是工作之前的活动，而总结是工作之后的行为。二者在内容上和写作上有一定的联系。总结是计划执行的结果，作总结既要以计划为依据，又要以计划完成情况作出判断。所以，写总结时要看计划。计划的制订也要以上一段的总结为依据，其目标、任务、措施都要参照上一段总结的情况提出来。可见，二者互相制约、互相促进，都是以实践为基础，都是以指导实践为目的。从写作内容的角度看，计划要回答"做什么""怎么做""做到什么程度"，而总结要回答的是"做了什么""做得怎样""为什么会这样"。

【实训平台】

一、填空题

1. 总结按目的分，可分为_____、_____。
2. 总结的标题可分为两类，即_____和_____。
3. 总结的正文由三个部分构成，即_____、_____和_____。
4. 如果说计划主要是提出"要做什么"和"如何去做"的问题，那么总结则应该说明_____和_____。

二、选择题

1. 总结的写作一般是使用（　　）。
   A．第一人称　　　　　　B．第二人称
   C．第三人称　　　　　　D．三种人称互用
2. 读下列标题，指出不属于总结的一项（　　）。
   A．读报剪报，我积累知识的一种方法
   B．借风扬帆，我县乡镇企业发展外向型经济的经验
   C．学书法的秘诀
   D．中专生的昨天、今天和明天
3. 总结是计划执行的（　　）。
   A．准备　　　　　　　　B．继续
   C．结果　　　　　　　　D．开始
4. 总结的种类很多，按不同的分类标准，分为许多不同的类型。按内容分有（　　）；按范围分有（　　）。
   A．年（季、月）度计划　　B．思想总结
   C．单位总结　　　　　　D．工作总结
   E．个人总结
5. 总结的主体部分在安排结构时，将内容分成并列关系的几个方面来写，这种结构方法叫（　　）。

A．横式结构　　　　　　　　B．纵式结构
C．纵横式结构　　　　　　　D．自由式

三、判断题

1．综合总结是对某一阶段各项工作的全面回顾、分析和评价。（　　）
2．专题经验总结的内容一般不包括存在的问题或教训。（　　）
3．总结的结构方法有横式结构、纵式结构等，但二者在一篇总结中不能同时出现。
（　　）

四、病文评改

找出下面这份教学总结的问题，并提出修改意见：

教学总结

语文教学的关键是让学生掌握听说读写的能力。语文在日常生活中非常重要，一个人语文能力的高低，直接影响着他的工作和生活。尤其在这个飞速发展的信息社会，要想成为一个对社会有用的人，具备听说读写能力尤为关键，学生只有掌握了这两种能力，才能够走向社会，与别人沟通，传递信息。

我在教学中是这样做的：

1．每天让学生进行朗读训练。
2．每月举行一次辩论会或演讲比赛。
3．上课时尽量让学生开口，锻炼他们的口头表达能力。

经过这学期的努力，学生们反映在语文上有了很大的提高。

×××
2010年1月10日

五、写作题

1．认真回顾一个学期的学习情况，深入分析自己学习上的经验和不足，确定以后努力的方向。认真取舍材料，看看哪些方面该写，哪些方面不该写；哪些方面该详写，哪些方面该略写。列出总结提纲。

2．学生修改提纲，写总结。

提示：

（1）总结要做到有观点、有材料，观点是从材料中挖掘出来的，又通过材料来表现，必须做到观点和材料统一，情况与分析统一。

（2）对材料的叙述要详细。

项目四　就业篇

任务一　毕业开题写论文

【任务描述】

请根据参加创业大赛的经验，以开展的创业项目为主题，完成自己的毕业论文。

【任务目标】

一、知识目标

了解毕业论文的概念、特点和结构，掌握其格式和写作要求。

二、能力目标

能够在刻苦学习、认真实践的基础上，完成一篇毕业论文的写作。

三、素质目标

通过毕业论文的写作，提高学生分析问题、解决问题的能力，并培养学生对知识的钻研精神、求实的学习态度和团队合作精神。

【任务实施】

1. 以小组为单位，分组讨论：

此次创业大赛中，自己在哪一方面参与和收获最多？如果据此写一篇毕业论文，要搜集哪些资料？准备怎样去完成？

2. 学习教材"任务资讯"部分，老师给予指导。
3. 各自通过讨论结果和学习的基础知识，写一份摘要，并列出目录。
4. 全班评议，选出本次拟写的最佳文稿或提纲。

【任务资讯】

一、毕业论文的概念

毕业论文是大专院校学生毕业时，综合运用已学知识表述理论创造或表述分析应用，体现学习成果的有一定学术价值的论说文。它是大学生完成学业的标志性作业，是对学习成果的综合性总结和检阅，是大学生从事科学研究的最初尝试，是在教师指导下所取得的科研成果的文字记录，也是检验学生掌握知识的程度、分析问题和解决问题基本能力的一份综合答卷。

二、毕业论文的特点

1. 指导性

毕业论文是在导师指导下独立完成的科学研究成果。毕业论文作为大学毕业前的最后一次作业，离不开教师的帮助和指导。对于如何进行科学研究，如何撰写论文等，教师都要给予具体的方法论指导。在学生写作毕业论文的过程中，教师要启发引导学生独立进行工作，注意发挥学生的主动创造精神，帮助学生最后确定题目，指定参考文献和调查线索，审定论文提纲，解答疑难问题，指导学生修改论文初稿等。

2. 习作性

根据教学计划的规定，在大学阶段的前期，学生要集中精力学好本学科的基础理论、专门知识和基本技能，在大学的最后一个学期，学生要集中精力写好毕业论文。学好专业知识和写好毕业论文是统一的，专业基础知识的学习为写作毕业论文打下坚实的基础；毕业论文的写作是对所学专业基础知识的运用和深化。大学生撰写毕业论文就是运用已有的专业基础知识，独立进行科学研究活动，分析和解决一个理论问题或实际问题，把知识转化为能力的实际训练。写作的主要目的是为了培养学生具有综合运用所学知识解决实际问题的能力，为将来作为专业人员写学术论文做好准备，它实际上是一种习作性的学术论文。

3. 层次性

毕业论文与学术论文相比要求比较低。专业人员的学术论文是指专业人员进行科学研究和表述科研成果而撰写的论文，一般反映某专业领域的最新学术成果，具有较高的学术价值，对科学事业的发展起一定的推动作用。大学生的毕业论文由于受各种条件的限制，在文章的质量方面要求相对低一些。

这是因为：第一，大学生缺乏写作经验，多数大学生是第一次撰写论文，对撰写论文的知识和技巧知之甚少。第二，多数大学生的科研能力还处在培养形成之中，大学期间主要是学习专业基础理论知识，缺乏运用知识独立进行科学研究的训练。第三，撰写毕业论文受时间限制，一般学校都把毕业论文安排在最后一个学期，而实际上停课写毕业论文的时间仅为十周左右，在如此短的时间内要写出高质量的学术论文是比较困难的。当然这并不排除少数大学生通过自己的平时积累和充分准备写出较高质量的学术论文。

三、撰写毕业论文的目的

大学生撰写毕业论文的目的，主要有两个方面：

（1）对学生的知识与能力进行一次全面的考核。

（2）对学生进行科学研究基本功的训练，培养学生综合运用所学知识独立地分析问题和解决问题的能力，为以后撰写专业学术论文打下良好的基础。

四、毕业论文的格式

1. 封面

封面由文头、论文标题、作者、学校名称、专业、年级、指导教师、日期等几项内容组成。

2. 目录

目录是论文中主要段落的简表。（短篇论文不必列目录）

3. 内容提要与关键词

内容提要是文章主要内容的摘录，要求短、精、完整。字数少可几十字，多不超过三百字为宜。关键词是从论文的题名、提要和正文中选取出来的，是对表述论文的中心内容有实质意义的词汇。关键词是用作计算机系统标引论文内容特征的词语，便于信息系统汇集，以供读者检索。每篇论文一般选取3～8个词汇作为关键词，另起一行，排在"提要"的左下方。

4. 正文

（1）引言：引言又称前言、序言和导言，用在论文的开头。引言一般要概括地写出作者意图，说明选题的目的和意义，并指出论文写作的范围。引言要短小精悍、紧扣主题。

（2）正文：正文是论文的主体，正文应包括论点、论据、论证过程和结论。

主体部分包括以下内容：

提出问题——论点；

分析问题——论据和论证；

解决问题——论证方法与步骤；

（3）结论。

5. 附录

附属于正文，对正文起补充说明作用的信息材料，可以是文字、表格、图形等形式。

6. 参考文献

一篇论文的参考文献是将论文在研究和写作中可参考或引证的主要文献资料，列于论文的末尾。参考文献应另起一页，标注方式按《GB7714-87 文后参考文献著录规则》进行。

中文：标题.作者.出版物信息（版地、版者、版期）

英文：作者.标题.出版物信息

所列参考文献的要求：

（1）所列参考文献应是正式出版物，以便读者考证。

（2）所列举的参考文献要标明序号、著作或文章的标题、作者、出版物信息。

例文一

数控加工中心盘式刀库设计

摘要：90 年代以来，数控加工技术得到迅速的普及及发展，高速加工中心作为新时代数控机床的代表，已在机床领域广泛使用。自动换刀刀库的发展俨然已超越其为数控加工中心配套的角色，在其特有的技术领域中发展出符合机床高精度、高效率、高可靠度及多任务复合等概念的独特产品。刀库作为加工中心最重要的部分之一，它的发展也直接决定了加工中心的发展。本论文完成的是盘式刀库设计、传动设计、结构设计以及传动部分的运动和动力设计。这种刀库在数控加工中心上应用非常广泛，其换刀过程简单，换刀时间短，定位精度高；总体结构简单、紧凑，动作准确可靠；维护方便，成本低。本刀库减速传动部分分两级减速，一级传动部分采用齿轮减速装置，二级传动部分采用蜗轮蜗杆减速装置，此种设计方案可提高输出轴的传动平稳性能，即提高刀盘的运转平稳性。本刀库满载装刀 24 把，采用单环排列方式排放，按就近选刀原则选刀。

关键词：加工中心；刀库；数控加工

目录：

1 引言 1

1.1 数控加工中心概述 1

1.2 数控加工中心的分类 1

1.3 加工中心的主要加工对象 2

1.4 加工中心的特点 3

1.5 加工中心刀库的形式 4

1.6 换刀装置的形式 5

2　总体方案的确定　7
2.1　刀库主要参数　7
2.2　电动机的初选　7
2.3　确定传动装置的总传动比和分配传动比　8
2.4　确定各轴转速、转矩和功率　9
2.5　电动机的校核　11
3　刀库设计与校核　13
3.1　齿轮传动的计算　13
3.2　轴的校核　17
3.3　滚动轴承的校核　21
3.4　蜗轮蜗杆的设计　22
3.5　键的校核　22
4　刀具交换装置　23
4.1　换刀简介　23
4.2　换刀过程　23
结论　24
致谢　25
参考文献　26
附录1　27
附录2　28
附录3　28

1　引言
1.1　数控加工中心概述
　　数字控制是20世纪中期发展起来的一种自动控制技术,是用数字化信号进行控制的一种方法[16]。采用数控技术进行控制的机床,称为数控机床[8]。加工中心（Machining Center,简称MC）是一种备有刀库并能自动更换刀具对工件进行多工序加工的数控机床。它是适应省力、省时和节能的时代要求而发展起来的,它综合了机械技术、电子技术、计算机软件技术、气动技术、拖动技术、现在控制理论、测量及传感技术以及通讯诊断、刀具和应用编程技术的高技术产品,将数控铣床、数控镗床、数控钻床的功能聚集在一台加工设备上,且增设有自动换刀装置和刀库,可以在一次安装工件后,数控系统控制机床按不同工序自动选择和更换刀具,自动改变机床主轴转速、进给量和刀具相对工件的运动轨迹及其他辅助功能;依次完成多面和多工序的端平面、孔系、内外倒角、环形槽及攻螺纹等加工[4]。
　　随着电子技术的迅速发展,以及各种性能良好的传感器的出现和运用,加工中心的功能日趋完善,这些功能包括:刀具寿命的监视功能,刀具磨损和损伤的监视功能,切削状态的监视功能,切削异常的监视、报警和自动停机功能,自动检测和自我诊断功能及自适应控制功能等[1]。加工中心还与载有随行夹具的自动托板进行有机连接,并能进行切屑自动处理，使得加工中心成为柔性制造系统、计算机集成制造系统和自动化工厂的关键设备和基本单元。

正文（略）

参考文献：

[1] 夏田. 数控加工中心设计[M]. 北京：化学工业出版社，2006.

[2] 高德文. 数控加工中心[M]. 北京：化学工业出版社，2003.

[3] 邱混城. 刀库之发展趋势与未来展望[J]. 制造技术与机床，2007（4）：114-115.

[4] 余仲裕. 数控技术[M]. 北京：机械工业出版社，2003.

[5] 孙汉卿. 数控机床维修技术[M]. 北京：机械工业出版社，2001.

[6] 熊永超，陶勇. 国产数控机床现状及发展趋势[J]. 煤矿机械，2006，27（3）：361-363.

[7] 谭春晖. 加工中心换刀方式的选择[J]. 组合机床与自动化加工技术，2004（3）：112.

[8] 雷才洪，陈志雄. 数控机床[M]. 北京：科学出版社，2005.

[9] 龚仲华，孙毅，史建成. 数控机床维修技术与典型实例[M]. 北京：人民邮电出版社，2006.

[10] 廉元国. 加工中心设计与应用[M]. 北京：机械工业出版社，1995.

[11] 李宏胜. 数控原理与系统[M]. 北京：机械工业出版社，2003.

[12] 王志平. 数控机床及应用[M]. 北京：高等教育出版社，2002.

[13] 王爱玲. 现代数控原理及数控技术[M]. 北京：国防工业出版社，2005.

[14] ZHANG H B，JIA Y Z，ZHOU G W. Time between failures model and failure analysis of CNC system [J]. Journal of Harbin Institute of Technology，2007，14（2）：197-201.

[15] ZHANG W，WANG T Y，XIONG Y D，etal. Virtual System Solution of CNC Machine for Spiral Bevel and Hypoid Gears[J]. Transactions of Tianjin University，2006，12（5）：373-377.

[16] 董献坤. 数控机床结构与编程[M]. 北京：机械工业出版社，2000.

[17] 周建东. 加工中心盘式刀库的设计[J]. 工艺与装备，2007，（8）：83-85.

[18] 成大先. 机械设计手册：第二卷[M]. 第四版. 北京：化学工业出版社，2002.

[19] 成大先. 机械设计手册：第三卷[M]. 第四版. 北京：化学工业出版社，2002.

[20] 成大先. 机械设计手册：第五卷[M]. 第四版. 北京：化学工业出版社，2002.

[21] 濮良贵. 机械设计[M]. 北京：高等教育出版社，2006.

[22] 朱辉，曹桄. 画法几何及工程制图[M]. 上海：上海科学技术出版社，2003.

[23] 冯辛安. 机械制造装备设计[M]. 北京：机械工业出版社，2005.

例文评析：

（1）例文格式正确，内容完整。

（2）本篇论文论点明确，论述严密。

【知识拓展】

毕业论文的选题应遵循学术论文的选题原则，选择学术领域里有价值的课题，并注意是否有利于展开，这是课题选择的基本原则。但是，毕业论文是对学生学业的综合考查，是对学生进行能力上的训练，且为时不长，这些特点决定了毕业论文的选题有其特殊的要求。

一、选题方向与专业对口

毕业论文的写作目的与高校的培养目标相联系，重在培养学生综合运用所学专业理论知识去解决实际问题的能力，使其受到科学研究的基本训练。所以选题一般不应超出专业课内容的范围。

二、选题要考虑主客观条件

选题时，应对自己有正确的客观估计。如，自己掌握材料的深度和广度，驾驭材料的能力，对课题的理解程度等。根据自己的长处和兴趣爱好，扬长避短，充分发挥主观优势。同时还要充分了解学术界的研究状况。如，本课题研究已有的成果，还存在哪些问题，尚待研究的问题，尚待解决的问题及迫切程度，社会需要和科学发展的趋势，另外，只有把主客观两方面的条件结合起来，才能选出最适合自己的课题来。

三、选题时间宜适中

选题要尽量早些，以便有充分的时间累积材料。但又不宜过早，过早选题，自己的专业知识还较单薄，如果在对本学科领域的学术研究状况知之甚少的情况下，贸然选题，难免失之偏颇。从基础课、专业课的情况来看，一般从毕业的前一学年考虑比较合适，这时既有了一定的专业基础，不致于茫然无从，又可以比较从容地准备，读书、积累材料，对自己学得好又有兴趣的课程，也有足够的时间和精力深入探讨。如果到最后一个学年才考虑选题，就会显得很仓促，无暇把问题考虑成熟，研究透彻。

四、课题难易要适度

选择的课题难易要适度，难度大的课题当然更有科学价值，但对刚刚涉足科学领域的大学生来说，往往力不胜任，难以完成。而难度小的课题，学生就会失去一次科学研究规范训练的机会，达不到写作毕业论文的目的。因此，课题既要有一定的难度，有一定的工作量，又要结合自己的知识水平和实际能力。

五、课题大小要得当

毕业论文主要是反映学生能否运用所学基础和专业知识来分析和解决本学科内某一基本问题的学术水平和运用能力。所以，毕业论题不可能囊括大学期间的全部知识，也不可能解决本学科的全部问题。一篇毕业论文只需要论述某一基本问题的某一重要侧面，或是对某些基本的理论、原理有比较系统的整理等。因此，在选题时，要根据本人的专业基础和时间及其他相关因素，如资料条件、经费许可、指导力量等，综合考查以选择大小适当的课题。否则，课题过大，问题均难以研究深入，可能导致虎头蛇尾，草草收摊；题目过小，不能充分挖掘自己的潜力，发挥自己的才能，论文达不到应有的水平和深度，也反映不出自己的实际功底和能力。

【实训平台】

一、单项选择

1. 关于毕业论文的概念表述不准确的一项是（　　）。
   A. 毕业论文是取得毕业证书的凭证
   B. 毕业论文是学生必须完成的学业报告
   C. 毕业论文是一种汇报性论文
   D. 毕业论文是学术论文的一种

2. 关于毕业论文的指导描述正确的一项是（　　）。
   A. 毕业论文必须在老师的指导下完成，并不强调学生的独立性
   B. 教师指导毕业论文的重点是确立毕业论文的观点
   C. 教师的指导要贯穿在毕业论文写作的全过程中
   D. 毕业论文的指导教师必须是学校指定的

3. 毕业论文摘要的字数一般不宜超过（　　）字。
   A. 100～200　　　B. 200～300　　　C. 300～400　　　D. 400～500

二、多项选择

1. 毕业论文的写作能够培养学生（　　）的能力。
   A. 独立解决问题　　B. 科研　　C. 创造和创新　　D. 综合分析

2. 教师指导学生写作的重点是（　　）。
   A. 选题
   B. 论文的结构
   C. 论文观点的形成
   D. 制订研究计划和拟订写作提纲

3. 关于毕业论文选题的描述正确的是（　　）。
   A. 毕业论文要根据现实需要来选题，因此毕业论文的选题必须是现实生活中急需解决的问题
   B. 由于毕业论文只是学生应完成的一项作业，因此，毕业论文的选题要尽量小一些
   C. 毕业论文的选题要根据资料占有的情况来确定
   D. 毕业论文选题时应充分考虑时间因素

三、写作毕业论文的提纲（要求 500 字左右）

任务二　书信助力来求职

【任务描述】

学生有了筹备、组织、参加学院创业大赛的经验，在求职时会思路开阔、得心应手，

大大增加了求职的信心和实力，请结合实际岗位需求写一封求职信。

【任务目标】

一、知识目标

1. 了解求职信的概念和特点。
2. 掌握求职信的写作要求。

二、能力目标

能根据招聘信息和自己创业的实际情况，撰写一封格式规范、语言得体、能突出自己学识和才能的求职信。

三、素质目标

1. 提高分析问题、解决问题的能力。
2. 培养学生职场的应变能力，提高学生的情商。

【任务实施】

1. 学生分成小组，讨论下面的问题：
招聘者想要招聘最好的人还是最适合的人？最好的人一定是最适合的人吗？求职信怎么写能引起招聘者的青睐？
2. 学生自主学习，掌握求职信的概念、特点、分类、写作要求及注意事项。
3. 学生分成小组，每一组写两篇求职信进行全班评议，选出本次课拟写的最佳文稿。
4. 模拟招聘现场，老师和两名学生作为招聘人员，每小组派一名学生前来面试。面试结束后，全班同学讨论，面试时应注意的问题，扬长避短。

【任务资讯】

一、求职信的概念

求职信是以个人的名义，向用人单位自荐谋求某一岗位或职务时所要表明的有关事宜的一种实用文书。它包括自荐信和应聘信。自荐信是谋职人根据自己的条件和意向，向可能聘用的单位发出的信；应聘信是在已获知用人单位招聘的情况下写的信。它们的写作要求大致相同。

二、求职信的特点

（1）针对性。针对用人单位对不同岗位、不同职务的从业人员的不同要求而发。

（2）展示性。要充分展示自己的才能和以往的工作业绩，讲清楚"我是怎样的人""为何来此自荐""我能干什么"等问题，以期引起用人单位的兴趣。

（3）求实性。求职自荐信要实事求是，不能夸大其词，言过其实。有多大才能讲多大才能，如没有什么特殊才能，可以避开不讲。

三、求职信的格式与写法

求职信一般由标题、称谓、正文、致敬语、落款和附件六部分组成。

1. 标题

在信纸上方居中写上"自荐信""求职书""应聘信"等字样。

2. 称谓

写单位名称或联系人、负责人姓名。如果是写给用人单位主管人或负责人的，应注意称呼的使用。一般不知道对方职务时，可使用泛称，如"××领导同志""××师傅""××老师"等；若明确其地位，可称其职位"××经理""××厂长""××主任"；若是私营或三资企业，可称"××先生""××小姐""××女士"等。

3. 正文

这一部分是求职信的重点所在。求职信的正文一般包括以下几个方面：

（1）个人情况简介。包括姓名、性别、年龄、籍贯、婚姻状况、学历等。

（2）主要资历。谋职人除附个人简历，还应在信的开头再次说明就读的学校名称、专业，列举学过的与职位有关的科目、课外进修情况、社会实践情况、在校担任过哪些职务、取得的荣誉、获奖情况等。

（3）自荐目的。要写清楚自荐干什么，有的可自荐某岗位、某职务，有的可自荐担任什么工作。自荐目的要明确、具体。

（4）有利条件。除了结合用人单位需求予以介绍外，还要介绍人无我有、人有我优的条件，诸如户口、住房、特长、懂多种外语、发表的论文或文章等。应多谈自己对该行业的兴趣，待遇要求不宜多提。

（5）希望。是正文的结束语，多数是希望用人单位能予接纳、恳请对方给予回复等。

4. 致敬语

致敬语与一般书信相同，也可略去不写。

5. 落款

在信的末尾右下方写"自荐人：×××"，然后写上年月日。如用打印机打出，在自荐人姓名处最好使用亲笔签名。

6. 附件

附上个人简历、各种证书复印件、联系地址、方法等。

例文一

应届大学毕业生求职信

敬爱的经理：

您好！

首先真心感谢您在百忙之中检阅我的这份求职信，我倍感荣幸。下面请允许我向您介绍自己。

我是德州职业技术学院计算机系的一名应届毕业学生，在经过几年大学的磨练与成长后，我满怀希望地走进社会这个更加博大的课堂。

三年的大学生活中，无论是在知识能力，还是在个人素质修养方面，我都受益非浅。在师友的严格教益及个人的努力下，我具备了扎实的专业基础知识，系统地掌握了计算机网络的有关理论；熟悉涉外工作常用礼仪；具备较好的英语听、说、读、写、译等能力；能熟练操作计算机办公软件。同时，我利用课余时间广泛地涉猎了大量书籍，不但充实了自己，也培养了自己多方面的技能。更重要的是，严谨的学风和端正的学习态度塑造了我朴实、稳重、创新的性格特点。

此外，我还积极地参加各种社会活动，抓住每一个机会，锻炼自己。大学三年，我深深地感受到，与优秀学生共事，使我在竞争中获益；向实际困难挑战，让我在挫折中成长。祖辈们教我勤奋、尽责、善良、正直；德州职业技术学院培养了我实事求是、开拓进取的作风。

怀着自信，我向您推荐我自己，如果有幸成为贵公司的一员，我愿从小事做起，从现在做起，虚心尽责、勤奋工作，在实践中不断学习，发挥自己的主动性、创造性，竭力为贵公司的发展添一份光彩。

祝愿贵单位事业蒸蒸日上！

此致

敬礼！

求职人：金光
2009 年 6 月 9 日

（参考：http://www.gx136.com/campus/2010/0428/2156.html）

例文评析：

（1）本篇求职信在介绍自己时能把握关键，突出重点。作者首先重点介绍了自己的专业知识，除此之外，在英语和计算机能力成为职场必备能力的今天，作者还重点介绍了自己的英语和计算机能力。

（2）求职者态度诚恳，用语得体。文中"从小事做起，从现在做起"体现了求职者脚踏实地的作风和雷厉风行的优良品格。

例文二

国际贸易求职介绍信

尊敬的招聘领导：

您好！

我是广东大学国际贸易专业的毕业生，愿意将二十余年所积累的学识和锻炼的能力贡献给贵单位，并尽自己最大的所能为贵公司的进步与发展贡献自己的全部力量。诚挚希望贵单位给我一个机会！

我深知，"机遇只垂青于有准备的头脑"。在校期间，我抓住一切机会学习专业知识，锻炼自己各方面的能力，使自己朝着现代社会所需要的具有创新精神的复合型人才发展。我的英文达到六级，计算机通过国家二级、省二级（优秀），并连年获得奖学金。在努力学习专业知识的同时，我还广泛涉猎了哲学、法律、文学、经济学等领域，修完了专业以外其他经济领域的多门课程，并辅修了经贸英文，自学了第二外语——德语。

"在工作中学会工作，在学习中学会学习"。作为一名毕业生干部，我更注重自己能力的培养。乐观、执著、拼搏是我的航标，在险滩处扯起希望的风帆，在激流中凸现勇敢的性格，是我人生的信条。由我发起并组织的多次大型活动得到了老师的认可、同学的赞许，使我以更饱满的热情投入到新的挑战之中，向着更高的目标冲击。

为了更全面地锻炼自己的能力，我利用假期先后在政府机关、企事业单位进行了社会实践，我的实习论文被评为"优秀实习论文"，这些经验为我走入社会，参与商业经营运作奠定了良好的基础，而且从中学到了如何与人为善、袒露真诚。

在即将走上社会岗位的时候，我毛遂自荐，企盼着以满腔的真诚和热情加入贵公司，领略贵公司文化之魅力，一倾文思韬略、才赋禀质为您效力。

此致

敬礼！

您未来的员工：杨光
2007-02-11

（参考：http://www.qiuzhixin001.cn/fw/131.html）

例文评析：

（1）求职信针对性强。求职者针对用人单位对岗位职务的要求而发。这是一封国际贸易求职介绍信，求职人是广东大学国际贸易专业的毕业生，所学专业与用人单位所需相吻合，容易得到用人单位的录用。

（2）求职者态度诚恳，用语得体。文中"企盼着以满腔的真诚和热情加入贵公司"的字样颇能打动招聘者。

【知识拓展】

求职信的写作注意事项：
（1）实事求是，投其所需。
（2）把握关键，突出重点。
（3）谦虚诚恳，用语得体。
（4）文面合乎规范。

【实训平台】

一、填空题

1. 求职信是以个人的名义，向用人单位自荐谋求某一岗位或职务时所要表明的有关事宜的一种实用文书。它包括自荐信和_____。
2. 求职信的特点有_____、_____和_____。

二、写作题

1. 为你的暑期兼职写一封求职信。
2. 某大宾馆因工作需要，需招聘大堂经理、公关助理、餐饮、客房部领班、服务员、保安员数名。有一位 35 岁的下岗女工毅然前往应聘。她认为自己有如下优势：在原单位担任过保卫干事，熟悉保安工作的规律与特点；女性善于察言观色，非常细心；受过专门训练，学过擒拿格斗的基本技巧，而且还业余学过柔道；体格健壮等。请根据以上材料代她写一份求职信。
3. 某旅游文化发展公司因扩展业务，需要招聘文秘工作人员 2 名、财会人员 2 名、计算机操作员 1 名，请你以求职者的身份选择一个岗位，写一封求职信。

任务三　实习结束展硕果

【任务描述】

本学期，同学们参加了创业大赛的全过程，增长了就业和实习经验，请根据自己的体会写一篇实习报告。

【任务目标】

一、知识目标

1. 了解实习报告的概念和特点。
2. 掌握实习报告的格式、内容结构、写作要求。

二、能力目标

1. 进一步巩固、深化已经学过的理论知识，提高综合运用所学过的知识，并且培养发现问题、解决问题的能力；
2. 锻炼动手能力，将学习的理论知识运用于实践当中，为未来的职业生涯规划起到关键的指导作用。

三、素质目标

1. 进一步巩固、深化已经学过的理论知识，提高综合运用知识的能力，并且培养发现问题、解决问题的能力；
2. 锻炼动手能力，将学习的理论知识运用于实践当中，为未来的职业生涯规划起到关键的指导作用。

【任务实施】

1. 以组为单位，分组讨论：实习的目的是什么？如果去实习，要进行什么准备工作？到了实习单位工作，应该怎样去做？遇到问题，应该怎样解决？
2. 带着以上疑问自主学习实习报告的概念、特点、分类、写作要求及注意事项，老师给予指导。
3. 各组根据学习的理论知识和自己的亲身实践，写一份实习报告。完成后，派出代表，互相点评，及时纠正，修改错漏。

【任务资讯】

一、实习报告的含义

实习报告是在校大中专（包括技校、职高）学生完成一定专业课程或全部专业课程，根据教学计划进行实习后，向指导教师或专业课教研室及教学管理部门提交的有关实习收获及其他情况的书面材料。

二、实习报告的特点和作用

1. 实习报告的特点

（1）实践性。

实习的主要内容就是将课堂上、书本上所学到的知识运用于生产、科研、教学的实践中去，进而对所学的知识加以巩固。因此，在实习报告中不仅要清楚地说明实习的目的、内容，而且必须要在实习中将所学的知识运用于实践。如果没有实践的存在，便没有实习报告的存在。

（2）总结性。

有了实习的目的、内容，有了实习的实践，还不等于有了实习报告，作者还必须对自己的实践过程进行认真的归纳、总结，并且上升到理论，找出规律性的东西。因为"实习"是从理论到实践，"报告"是从实践到理论的反复印证的过程。因此，好的实习报告都是从理论到实践，再从实践到理论的反复总结印证归纳的结晶。

（3）呈报性。

实习是在领导或老师的直接组织下进行的，它要求实习者要严格按照领导或老师布置的任务去认真地实习。实习者不仅要在实习报告中把自己在实习阶段的所作所为解剖分析如实写出来，还要及时地将这一书面报告呈交给有关领导或指导实习老师审阅，以求得领导或指导老师的指教。

2. 实习报告的作用

（1）对实习情况的再认识。把自己的实习经验向有关领导或老师汇报的过程也是自己对实习反思、总结的过程。通过自己的反思，会提高对实习的再认识程度。通过自己的总结，会把自己实习成功的经验或者失败的教训上升到理论高度，加以深思。

（2）有利于实习领导者对于实习者的实习情况进行了解和指导。特别是实习者人数较多，地点分散，甚至时间较长时，作为实习领导者很难对学生的实习情况了如指掌并且进行必要的、及时的指导。通过实习报告，领导可以一目了然，并且对今后的实习指导做到了心中有数，胸有成竹。

三、实习报告的种类

实习报告的种类如果按范围分，有个人实习报告、专业实习报告、单位实习报告等；按实习内容分，有教学实习报告、生产实习报告、课程实习报告和毕业实习报告等；按时间分，有年度实习报告、学期实习报告等；按实习报告的性质分，有综合性实习报告和专题性实习报告等。

实习报告虽然有上述分类，但在实际写作中，一份实习报告，往往同时反映性质、时间、范围几个方面。因此，实习报告又可以说主要有以下两种：

1. 综合性实习报告

综合性实习报告是专业或单位或班级对一定时间内全面实习情况的总结报告。

2. 专题性实习报告

专题性实习报告又叫专项实习报告，是某个人或某专业对某一专项实习情况作出的总结报告。

四、实习报告的写作格式

1. 标题

标题的主要形式有下列几种：

（1）只写"实习报告"。

（2）由"实习内容+实习报告"组成。如《文秘实习报告》。

（3）由"时间+实习内容+实习报告"组成。如《2009年焊接实习报告》。

（4）由"单位+时间+实习内容+实习报告"组成。如《新星职业技术学院2009年教学实习报告》。

（5）根据内容的主要观点或重点，用一句概括的话作标题。如《实践增长才干》，这一实习报告标题点出了实习内容的主要观点。

（6）由正、副标题标明单位、实习时间及文种。如《瞄准市场，随机应变，灵活经营，扩大外销——希望职业技术学院市场营销实习报告》。

2. 正文

正文是实习报告的主要内容。由前言、主体、结尾三部分组成。

（1）前言。

前言也称"开头""引言"或"导语"。它有两个作用：或是概括介绍，起铺垫作用，对主体部分的阐述作必要的交待，如实习的时间、地点及基本情况等；或是点明要点，起突出作用，如概括实习中的主要成绩、收获或经验，使读者"一目了然"，知其"精髓"。

（2）主体。

主体要写出实习报告的五个要素：指导思想，实习内容，过程，结果，体会。就是说，要回答"在什么指导思想下，做了什么事，怎样做的，获得了什么样的结果，有什么收获"。最常见的结构方式是"回顾－体会－展望"三段式。回顾的部分里，阐述在什么思想指导下，做了哪些事，取得了哪些成绩；在体会部分里阐述为什么取得了这些成绩，升华到理论找出规律；在展望部分里谈存在的问题、不足或今后的打算。

实习报告的主体一般比较长，如有需要，可以分作几部分或者加上序号或小标题，可根据作者的不同构思而定。

（3）结尾。

一般结尾归结全文，呼应前言，起深化主题的作用；也有的指出问题，展望未来；或是针对情况指出改进意见和措施。

（4）落款。

如果在标题中没有写作单位名称的，可在结尾的右下角标明写作单位（或个人姓名）和完成写作的日期；在标题中有写作单位名称的，只标明日期即可。

五、实习报告的写作要求

1. **实事求是，切忌虚假**

实事求是是写好实习报告、充分发挥实习报告作用的基础。要如实反映实习中的成绩和缺点、经验和教训，杜绝一切虚假现象。不能只报喜不报忧。反映情况不能绝对、片面，更不能前后矛盾。归纳的成绩、经验不能盲目拔高。

2. **突出特点，切忌平淡**

写实习报告时，虽然实习的经历、内容非常多，但要根据报告的重点、目的，在内容上有所侧重，不能不分主次，不分详略，平均用笔。不要堆砌材料，记流水账。

3. **写出特色，切忌平庸**

实习报告要有自家面目，要反映出本人、本专业、本部门实习的特点，不要写得"千篇一律""异口同声"。要写出特色，必须善于发现本人、本专业、本部门实习工作的特点。这就要求充分占有材料，广泛听取各方面的意见，认真解剖分析，做好比较鉴别。不要停留在一般化上，内容、观点、材料都要突出自己的特色，要写出自己的"这一个"。

4. **注意分析，切忌肤浅**

写实习报告的目的，是为了正确认识实习工作的实际，推动今后的实习工作。这就要求实习报告要反映实习工作的规律及经验教训，注重对实习工作的分析。而有的实习报告，恰恰不善分析，过于肤浅；有的只摆过程、堆材料，最后"栽"上一个观点，缺乏必要的分析；有的把现象当本质，浅尝辄止，开掘不深，做了不少工作，却报告不出多少有价值的经验来；有的虽有分析，但笼统浮泛，一般化，抓不住"这一个"的特点；有的观点与材料脱节，观点倒还新鲜，但脱离材料实际。凡此类情况，都应注意避免。

例文

企业会计模拟实习报告

我们在 7 月 5 号开始了本次会计实习，采取模拟实习的方式，使用印制好的资料作为整个会计实习的材料来源。通过实习，熟悉并掌握会计流程的各个步骤及其具体操作，包括了解账户的内容和基本结构，了解借贷账户法的记账规则，掌握开设和登记账户以及编制会计分录的操作、原始凭证填制和审核的操作以及根据原始凭证判填制记账凭证的方法。以使学生对会计工作有更深的理性认识并掌握会计基本操作技能。这是本次实习的目的。

以前，我总以为自己的会计理论知识较扎实，正如所有工作一样，掌握了规律，照葫芦画瓢准没错，经过这次实习，才发现，会计其实更讲究的是它的实际操作性和实践性。

书本上似乎只是纸上谈兵。倘若将这些理论性极强的东西搬到实际应用上，我们也是无从下手。这次实习，我们是既做会计，又做出纳，刚开始还真不习惯，才做了两天，就感觉人都快散架了，加上天气又热，心情更加烦躁，而会计最大的忌讳就是心烦气燥，所以刚开始的几天，错误百出。

本次实习的地点是本班教师，按老师要求，我们分成了小组，每个小组5~6个人，围在一起做账，这样有利于同学交流！按照企业会计制度要求，首先设置：总账、现金日记账、银行存款日记账、资产类、负债和所有者权益类以及损益类等明细账。仔细阅读模拟材料，判断资料中的经济业务涉及的账户，根据各账户的属性分类，填入账页纸中。最后填写各账户的期初余额。具体步骤如下：

一、设置账簿

首先按照企业会计制度要求，设置总账、现金日记账、银行存款日记账、资产类、负债和所有者权益类以及损益类等明细账。其次根据下发的会计模拟资料，仔细阅读、判断本资料中的经济业务涉及哪些账户，其中：总账账户有哪些，明细账账户是哪个；而后再根据各账户的性质分出其所属的账户类别。再次按照上述分类，将所涉及的全部账户名称，贴口取纸填列到各类账簿中去，并把资料中所列期初余额，登记在相关账户借、贷方余额栏内。最后试算平衡，要求全部账户借方余额合计等于全部账户贷方余额合计；总账借贷方金额要与下设的相关明细账户借贷方余额合计数相等，试算平衡后方可进行本期业务登记，否则不能进行。

二、登记账簿

首先登记账簿必须使用蓝黑墨水书写，冲账时可使用红色墨水，但字迹要清楚，不得跳行、空页，对发生的记账错误，采用错账更正法予以更正，不得随意涂改，挖补等。其次明细账要根据审核后的记账凭证逐笔序时予以登记；第三总账根据"记账凭证汇总表"，我们做了10天的登记，登记完毕要与其所属的明细账户核对相符。

三、结账

首先详细检查模拟资料中所列的经济事项，是否全部填制记账凭证，并据此记入账簿。有无错记账户、错记金额，如有应及时补正。其次在保证各项经济业务全部准确登记入账的基础上，结出现金日记账、银行存款日记账、总账和各类明细账的本期发生额与期末金额，为编制会计报表作好充分准备。

四、编制会计报表

首先在左上角填明编制单位、编制时间；其次根据总账或有关明细账资料按项目填列；还必须要使资产负债表要保证左方金额合计等于右方金额合计，否则重填；最后还要编制人签名。

这次实习的时间是三周，在郑丽和张娅老师的指导下进行，可是我们只做了1~10号的凭证，总结原因有以下几点：①我们之前的理论基础学得不好，以至于在做的时候还要不停地翻书；②以前没有接触过会计，很多凭证都是第一次看到，刚开始根本无从下手，怕做错。③年轻人，心浮气燥，对做会计没有兴趣！所以我们要在接下来的时间里，把会计理论知识好好地复习一下，培养对会计的兴趣！争取下次再做的时候能够快点！

这次会计实习，学到了很多书本上没有的知识，现总结如下：

我们先做的是出纳工作，出纳登账的方法：出纳在每一笔经济业务发生的时候，先要取得相关原始凭证，然后根据相应的原始凭证，将其登记记账凭证。再根据记账凭证，登记其明细账。期末，填写科目汇总表以及试算平衡表，最后才把它登记入总账。结转其成本后，根据总账合计，填制资产负债表、利润表、损益表等年度报表。这也就是会计操作的一般顺序和基本流程。

现金日记账必须采用订本式账簿，一般为三栏式账页格式，由出纳人员，现在也就是由我根据现金收付款凭证，按照业务发生顺序逐笔登记。每日终了，应当计算当日的现金收入合计数、现金支出合计数和结余数，并将结余数与实际库存数核对，做到随时发生随时登记，日清月结，账款相符。若有外币现金的企业，应当分别人民币和各种外币设置"现金日记账"进行明细核算。

银行存款日记账也必须采用订本式账簿，一般为三栏式账页格式，也由我根据银行存款收付款凭证，按照业务的发生顺序逐笔登记，每日终了应结出余额。

"银行存款日记账"应定期与"银行对账单"核对，至少每月核对一次。月度终了，企业账面余额与银行对账单余额之间如有差额，则必须逐笔查明原因进行处理，并应当月编制"银行存款余额调节表"。若有外币现金的企业，应当分别以人民币和各种外币设置"银行存款日记账"进行明细核算。

现金日记账和银行存款日记账必须每日结出余额。结账前，必须将本期内所发生的各项经济业务全部登记入账。结账时，应当结出每个账户的期末余额。需要结出当月发额的，应当在摘要栏内注明"本月余额"字样，并在下面通栏划单红线。需要结出本年累计发生额的，应当在摘要栏内注明"本年累计"字样，并在下面通栏划单红线；12月末的"本年累计"就是全年累计发生额。全年累计发生额下面应当通栏划双红线。年度终了结账时，结出全年发生额和年末余额。

年度终了，要把余额结转到下一个会计年度，并在摘要栏注明"结转下年"字样；在下一个会计年度新建有关会计账簿的第一行余额栏内填写上年结转的余额，并在摘要栏注明"上年结转"字样。现在我们做的只是12月份的账，所以只要在摘要拦里写"本月余额"即可，但还是要在下面通栏划单红线。

每月按理是要对账，如发现有未达账项，应据以编制未达账项调节表，以便检查双方的账面余额。调节以后的账面余额如果相等，表示双方所记账目正确，否则，说明记账有错误，应及时查明原因予以更正。此外，还应注意的是，调节账面余额并不是要更改账簿记录。

会计本来就是繁琐的工作。在实习期间，整天要对着那枯燥无味的账目和数字而心生烦闷、厌倦，以致于登账错漏百出。愈错愈烦，愈烦愈错，这只会导致"雪上加霜"。反之，只要用心地做，反而会左右逢源。越做越有乐趣，越做越起劲。梁启超说过：凡职业都具有趣味的，只要你肯干下去，趣味自然会发生。因此，做账切忌：粗心大意，马虎了事，心浮气躁。做任何事都一样，需要有恒心、细心和毅力，那才会到达成功的彼岸！

此次的实习为我们深入社会，体验生活提供了难得的机会，让我们在实际的社会活动中感受生活，了解在社会中生存所应该具备的各种能力。利用此次难得的机会，我努力工作，严格要求自己，虚心向财务人员请教，认真学习会计理论，学习会计法律，法规等知识，利用空余时间认真学习一些课本内容以外的相关知识，掌握了一些基本的会计技能，从而意识到我以后还应该多学习，加剧了紧迫感，为真正跨入社会施展我们的才华，走上工作岗位打下了基础！

例文评析：

（1）这是一篇重点突出、情况真实、格式规范的实习报告。报告的材料真实具体、重点突出、详略得当。

（2）在语言方面，用了叙述、说明的表达方式，做到了表达得当，用语得体。

（3）作者通过报告反映出在工作中出现的失误，在指导老师的帮助下，及时总结教训，使实习顺利进行，并得到了宝贵的经验。

【实训平台】

1. 实习报告的概念是什么？它的特点是什么？
2. 实习报告正文的主体部分，最常见的结构方式是什么？
3. 下面是实习报告的结尾，请指出其存在的问题并修改。

两个月的实习已经结束了。此时此刻，我思绪万千，师生之情，历历在目，再次感谢领导老师的帮助和指点。此次实习收获很大，使我终身难忘。我决心今后加倍努力工作，报答老师的教诲，努力奋斗。

4. 经管系秘书班的小张同学，今年4月1日到6月1日到本市德百集团自选超市实习，刚动手写实习报告，不幸被车撞伤了胳膊，无法完成实习报告。请你到超市进行调查，替小张同学写一份实习报告。